AF145498

Emil Vogel

Jahrbuch der Musikbibliothek Peters

Emil Vogel

Jahrbuch der Musikbibliothek Peters

ISBN/EAN: 9783744698856

Hergestellt in Europa, USA, Kanada, Australien, Japan

Cover: Foto ©Thomas Meinert / pixelio.de

Weitere Bücher finden Sie auf **www.hansebooks.com**

Jahrbuch

der

Musikbibliothek Peters

für

1894.

Erster Jahrgang.

Herausgegeben

von

Emil Vogel.

LEIPZIG

Verlag von C. F. Peters

1895.

VORWORT.

Die Unterzeichneten erstatten hiermit zum ersten Male öffentlichen Bericht über die seit Anfang 1894 ins Leben gerufene Musikbibliothek Peters. Den Mittheilungen über die Bibliothek sind allgemeinerem Interesse dienende Arbeiten musikstatistischen und musikgeschichtlichen Inhalts beigegeben worden. Sie wurden hinzugefügt in der Hoffnung, damit einiges Material für die künftige Würdigung unserer Musikverhältnisse darzubieten. Sollte diesem Zwecke auch nur zu einem kleinen Theile gedient sein, so darf die mit der Publikation des Jahrbuches verbundene Absicht als erfüllt angesehen werden.

Leipzig, im April 1895.

C. F. Peters.   Dr. Emil Vogel.
Bibliothekar.

Jahresbericht.

Am 2. Januar 1894 wurde die Musikbibliothek Peters
in Gegenwart des Oberbürgermeisters Herrn Dr. Georgi, der
Leipziger Künstlerschaft, zahlreicher Musikfreunde und Musi-
kalienverleger eröffnet. In einer kurzen Ansprache entwickelte
der Inhaber der Firma C. F. Peters, Max Abraham, die
Zwecke und Ziele der neuen Bibliothek. Obwohl seit vielen
Jahrzehnten, so führte er etwa aus, das Musikleben in unserer
Stadt eine ausserordentlich rege und vielseitige Förderung erfahren, hätte es doch bisher an einem öffentlichen Institute
gefehlt, das dem Publikum die theoretischen und praktischen
Werke der modernen Musikliteratur, namentlich die Partituren,
zur Verfügung stellte. Für die meisten Studirenden wären die
grösseren Musikwerke nur sehr schwer und mit bedeutendem
Kostenaufwande, der für die Kräfte des Einzelnen oft uner-
schwinglich, zu erlangen. Andere Werke aber, wie die ersten
Ausgaben der Klassiker, die ungedruckten alten und die
zwar gedruckten, aber nicht käuflichen Partituren auslän-
discher Verleger, blieben überhaupt unzugänglich. Oft genug
habe er selbst bei der Herausgabe klassischer sowohl wie
moderner Werke diesen Mangel beklagen müssen und mit ihm
gewiss mancher Musiker und Verleger. Durch Gründung der
Bibliothek werde nun der Versuch gemacht, die vorhandene
Lücke auszufüllen. Das neue Institut solle im Gegensatz zu
den staatlichen oder städtischen Bibliotheken, besonders dem

Studium moderner Musik, von den Klassikern angefangen, gewidmet sein und daher vorzugsweise diejenigen künstlerischen Erscheinungen berücksichtigen, durch welche ein Verständniss der neueren Musik und ihrer verschiedenen Strömungen herbeigeführt werden könne.

Ueber den gesammten Bücher- und Musikalienbestand gab ein vom Bibliothekar angefertigter Katalog*), der schon am Eröffnungstage gedruckt vorlag, zuverlässigen Aufschluss. Den oben angedeuteten Intentionen des Begründers der Bibliothek gemäss wurde der Schwerpunkt derselben in die moderne Zeit gelegt. Selbstverständlich ist die historische Continuität, ganz besonders im theoretischen Theile, gebührend gewahrt worden. Aber auch bei den Werken praktischer Musik wurden die wichtigsten alten Meisterwerke, soweit sie für die Folgezeit Richtung gebend waren, nicht übersehen. In beiden Theilen des Katalogs, dem theoretischen sowohl wie dem praktischen, ist die systematische Anordnung durchgeführt und jeder Abschnitt in sich alphabetisch nach Autoren geordnet. Durch Anlage eines alphabetischen Namenregisters am Schlusse beider Abtheilungen ist endlich das Aufsuchen der einzelnen Werke wesentlich erleichtert worden.

Im theoretischen Theile dürfen die Abschnitte „Lexika und Verzeichnisse", „Geschichte der Musik", „Biographien und Monographien" als nahezu vollständige angesehen werden. Der Erstere enthält etwa 350 Nummern, während die Geschichte der Musik durch 556 vertreten ist. Speciell für die Geschichte der Oper sind 94 Werke vorhanden. Auch in der Geschichte der Musik des Mittelalters, einzelner Musikgattungen, derjenigen einzelner Völker, Länder, Städte und Fürstenhöfe dürften sich kaum wesentliche Lücken finden. In ähnlichem Verhältniss ist die biographische Abtheilung bedacht worden. Sie zählt mehr als 900 Werke, allein über Joh. Seb. Bach 24, über Mozart 46, über Beethoven 66, über Wagner 72. Die „allgemeine

*) Katalog der Musikbibliothek Peters. Leipzig, C. F. Peters, 1894.

Musiklehre" weist 312 Werke der Theoretiker älterer und neuerer Zeit auf, von Gafurius, Glarean, Aron, Vicentino, den theoretischen Schriften Zarlino's angefangen bis auf die neuesten Erscheinungen dieser Literatur. In entsprechender Zahl sind die besonderen Musiklehren, die Schriften über Instrumentenbau und über die mathematisch-physikalische Musiklehre vertreten. Den Schluss dieser Abtheilung bilden die Bücher über Aesthetik.

Das Verzeichniss der **praktischen Musikwerke** beginnt mit den Symphonien und Suiten in Partitur. Die Bibliothek besitzt in dieser Abtheilung die hervorragendsten Meisterwerke von Joh. Seb. Bach bis zur Neuzeit, im Ganzen etwa 300 Nummern. Von den Kompositionen für Pianoforte, für Orgel, für Streich- und Blasinstrumente sind, ausser den klassischen, nur die durch ihre innere Bedeutung sowie die Grösse ihrer Verbreitung sich auszeichnenden aufgenommen worden. Die Partituren für Kirchenmusik, Oratorien, Messen, Cantaten etc., sind vom XVI. bis zur Mitte des XVIII. Jahrhunderts theilweise, von dort aber bis zur Neuzeit in allen ihren bedeutenderen Schöpfungen vorhanden. Zusammen ca. 400 Nummern. Die Seltenheit einzelner Bände der nun folgenden Opernpartituren, rechtfertigt einen besonderen Hinweis auf dieselben. Ein Theil der Partituren ist überhaupt niemals zum Druck gekommen und daher nur durch Abschrift zu erlangen gewesen, ein anderer aber, der nur den Bühnen zwecks scenischer Darstellung zugänglich ist, eigens für die Zwecke der Bibliothek Peters von den betreffenden Verlegern zur Verfügung gestellt worden. Nach den Opernpartituren verzeichnet der Katalog die Partituren der weltlichen Gesangswerke (ca. 150), die Klavierauszüge von Opern und Operetten (ca. 600) und die verschiedenen Zweige der Gesangsliteratur. Zum Schluss sind die kritisch revidirten Gesammtausgaben aufgeführt, und zwar die von Bach, Beethoven, Chopin, Händel, Mendelssohn, Mozart, Palestrina, Schubert, Schumann und Schütz.

Die im Laufe des Jahres 1894 neu erworbenen Bücher und Musikalien umfassen etwa 500 Nummern. Sie wurden

regelmässig und an gehöriger Stelle in die im Lesezimmer
ausliegenden Kataloge eingetragen. Im Folgenden sei es
gestattet, von den wichtigeren Neuanschaffungen des vergangenen
Jahres eine gedrängte Uebersicht zu geben.

In der theoretischen Abtheilung erfuhr der Abschnitt
„Lexika und Verzeichnisse" einen Zuwachs von 25 Nummern,
darunter zwölf Kataloge öffentlicher und privater Bibliotheken.
Das Gebiet der Geschichte der Musik, sowie der Biographien
und Monographien, wurde durch eine Anzahl älterer und
neuerer Arbeiten bereichert. Nicht übersehen wurden schliesslich
die neuen Auflagen bereits vorhandener Werke.

Von den der Abtheilung praktischer Musik zugeführten
Erwerbungen seien zunächst die grossen Orchesterwerke genannt.
Zu dem schon vorhandenen Material kamen hinzu Partituren
von Gluck, Spohr, Berlioz, Grieg und Goldmark. Die Quintette,
Quartette und Trios für Streichinstrumente in Partitur wurden
vermehrt durch Werke von C. Ph. E. Bach, Corelli, Haydn,
G. Muffat, Sgambati, Smetana, Verdi und Volkmann. Eine
grössere Anzahl von Neuerwerbungen erfuhr der Abschnitt
„Kirchenmusik". Angeführt seien nur das sehr seltene Canticum
B. Mariae Virginis von Animuccia (Roma 1568), eine sorgfältig
hergestellte Copie von dem in Dresden befindlichen Autograph
der 8 stimmigen Kirchengesänge Caldara's und die Partitur des
„Requiem" von Verdi.

Wir wenden uns nun zu den Neuerwerbungen der Abtheilung Opern in Partitur. Das bereits Anfang 1894 Vorhandene wurde im Laufe des Jahres soweit ergänzt, dass
nunmehr der wesentlichste Bestand des modernen Bühnenreper-
toires vorhanden ist.*) Zu diesen Opernpartituren traten noch

---

*) Die Bibliothek besitzt folgende auf dem gegenwärtigen Bühnen-
repertoire befindliche Opern in Partitur: Adam: Postillon. Auber:
Stumme von Portici, Fra Diavolo. Beethoven: Fidelio. Bizet: Carmen.
Boieldieu: Johann von Paris, Weisse Dame. Brüll: Das goldene Kreuz.
Cherubini: Wasserträger. Donizetti: Regimentstochter. Flotow:
Stradella, Martha. Gluck: Orpheus. Goetz: Der Widerspänstigen

solche aus älterer Zeit hinzu: Cimarosa's „Matrimonio segreto", Dalayrac's „die beyden Savoyarden", Dittersdorf's „Apotheker und Doctor", „das rothe Küppchen", die erste Wiener Ausgabe von Gluck's „Paride ed Elena" (1770), Himmel's „Fanchon oder das Leyermädchen", Kauer's „Donauweibchen", Paisiello's „Molinara", Pergolese's „Serva Padrona" u. A.

Endlich bemerken wir noch, dass auch die so wichtigen ersten Ausgaben der Werke von Beethoven, Schubert, Mendelssohn, Schumann und Chopin durch Neuerwerbungen eine wesentliche Bereicherung erfahren haben, dass ferner eine Sammlung von Textbüchern, und eine solche von Musiker-portraits angelegt und soweit vorbereitet worden, dass dieselben noch im laufenden Jahre katalogisirt werden können.

Den gesammten Bestand der Bibliothek bildeten Ende 1894 etwa 10,000 Bände. Die einzelnen Werke selbst führen als Signatur eine fortlaufende (nicht springende) Nummer. Sie sind nach der Reihe der Nummern aufgestellt und daher ohne Zeitaufwand zu finden. Verlangt werden dieselben in folgender neuer, sehr einfacher Weise: Der Leser füllt den Verlangzettel auf Grund des in mehreren Exemplaren ausliegenden Katalogs nur mit der Nummer, nicht mit dem Titel des gewünschten Werkes aus und giebt denselben nicht dem Bibliothekar, sondern dem Bibliotheksdiener, der das Werk infolge der ein-

---

Zähmung. Goldmark: Königin v. Saba. Gounod: Faust. Halévy: Jüdin. Herold: Zampa. Humperdinck: Hänsel u. Gretel. Kreutzer: Das Nachtlager. Leoncavallo: Bajazzo. Lortzing: Czar u. Zimmermann, Wildschütz, Undine, Waffenschmied. Marschner: Vampyr, Templer u. Jüdin, Hans Heiling. Mascagni: Cavalleria rusticana. Méhul: Joseph. Meyerbeer: Robert der Teufel, Hugenotten, Prophet, Afrikanerin. Mozart: Entführung, Hochzeit des Figaro, Don Juan, Cosi fan tutte, Zauberflöte. Nicolai: Die lustigen Weiber von Windsor. Rossini: Barbier, Wilhelm Tell. Smetana: Verkaufte Braut. Verdi: Rigoletto, Traviata, Trovatore, Aida. Wagner: Rienzi, Der fliegende Holländer, Tannhäuser, Lohengrin, Tristan, Meistersinger, Rheingold, Walküre, Siegfried, Götterdämmerung, (Parsifal). Weber: Freischütz, Euryanthe, Oberon.

fachen Nummersignatur sofort herbeischafft — ein Verfahren, welches sich als höchst praktisch erwiesen hat.

Die Musikbibliothek Peters ist eine Präsenzbibliothek, die gleich den wissenschaftlichen Bibliotheken Englands, Frankreichs und Italiens ihren Bestand nur im Lesezimmer darbietet. Im ersten Verwaltungsjahre wurde das Institut von 4904 Personen besucht, denen 9393 Werke verabfolgt wurden und zwar 5414 theoretische und 3979 praktische. Das Lesezimmer war an 273 Tagen geöffnet. Im Durchschnitt besuchten also die Bibliothek täglich 18 Personen. Von den Werken der theoretischen Abtheilung wurden besonders häufig die Biographien der grossen Komponisten und Wagner's Schriften benutzt. In der praktischen Abtheilung in erster Linie die Opernpartituren und von diesen neben den Opern der Klassiker besonders die von Wagner, Bizet und Smetana. Aehnliche starke Nachfrage erfuhren die klassischen Symphonien und Oratorien, die „Symphonie fantastique“ und die „Messe des Morts“ von Berlioz, sowie die „Faust-Symphonie“ von Liszt.

Zum Schluss können wir noch zu unserer Freude constatiren, dass es durch die langjährigen Sammlungen der Firma Peters sowie durch Ankäufe auf einer grösseren Versteigerung ermöglicht worden ist, die Wände des Lesezimmers mit hervorragenden Autographen der Musikheroen und deren zum grossen Theil nach dem Leben hergestellten Bildnissen zu schmücken. Von sämmtlichen im Lesezimmer vorhandenen Autographen und Portraits wurde ein Verzeichniss gedruckt, das sich an die seit Bestehen der Bibliothek erlassene (und seitdem etwas modificirte) Bibliothek - Ordnung anschloss. Beide seien im Folgenden wiedergegeben.

BIBLIOTHEK-ORDNUNG.

1.

Die Bibliothek ist — mit Ausnahme der Sonn- und Feiertage — im Sommersemester täglich von 11—1 und 3—7 Uhr, im Wintersemester von 11—1 und 3—8 Uhr unentgeltlich geöffnet.

Geschlossen bleibt die Bibliothek während des Monats August.

2.

Die Benutzung des **Lesezimmers** ist, soweit der Raum reicht, Jedem (Herren wie Damen) gestattet.

3.

Die Bücher und Musikalien werden gegen **Verlangzettel** ausgegeben. Sie dürfen nur im Lesezimmer benutzt werden und sind nach der Benutzung wieder zurückzugeben.

VERZEICHNISS

der im Lesezimmer befindlichen Nachschlagewerke, Zeitschriften, Autographen, Bilder und Büsten.

Nachschlagewerke.

Fétis. Biographie universelle des Musiciens.
Grove. A Dictionary of Music and Musicians.
Mendel-Reissmann. Musikalisches Conversations-Lexikon.
Riemann. Musik-Lexikon.
Schuberth. Musikalisches Conversations-Lexikon.
Kretzschmar. Führer durch den Concertsaal.
Riemann. Opern-Handbuch.

Thematische Verzeichnisse der Werke von Bach, Beethoven, Chopin, Mendelssohn-Bartholdy, Mozart, Schubert, Schumann, Weber.

Musiker-Adressen: Hesse's Musiker-Kalender; Raabe und Plothows Musiker-Kalender.

Conversations-Lexikon: Brockhaus.

Allgemeine deutsche Biographie.

Wörterbücher: lateinisch, englisch, französisch, italienisch, spanisch.

Musikzeitungen.

1. Chorgesang (Leipzig, Licht).
2. Leipziger Concertsaal (Leipzig, Wild).
3. Monatshefte für Musikgeschichte (Leipzig, Breitkopf & Härtel).
4. Musica sacra (Regensburg, Pustet).
5. Musikzeitung, allgemeine (Charlottenburg, Lessmann).
6. Musikzeitung, neue (Stuttgart, Grüninger).
7. Musikzeitung, neue Berliner (Berlin, Ludwig).
8. Musiker-Zeitung, deutsche (Berlin, Thadewaldt).
9. Sängerhalle (Leipzig, Siegel).
10. Signale (Leipzig, Senff).
11. Vierteljahrsschrift für Musikwissenschaft (Leipzig, Breitkopf & Härtel).
12. Wochenblatt, musikalisches. (Leipzig, Fritzsch).
13. Zeitschrift für Instrumentenbau (Leipzig, de Wit).
14. Zeitschrift, neue für Musik (Leipzig, Kahnt).

15. Gazetta di Milano (Mailand, Ricordi).
16. Rivista Musicale Italiana (Torino, Bocca).
17. Ménestrel (Paris, Hengel).
18. Musical Times (London, Novello).
19. New quaterly musical Review (London, Cocks).

Autographen.

Bach, Joh. Seb. Praeludium und Fuga pro Organo in G, von Wilh. Friedemann Bach, Joh. Seb. Bach's ältestem Sohne, durch die Hinzufügung „per manum Autoris" beglaubigt.

Händel, G. F. Fragment einer 1707 für den Cardinal Ottoboni in Rom componirten Cantate für eine Singstimme mit bezifffertem Bass. Unedirtes Stück.

Gluck, Chr. W. Skizze zu „Iphigenie auf Tauris" in der 1781 zum ersten Male aufgeführten deutschen Bearbeitung für den Wiener Hof. Das Manuscript enthält den grössten Theil der Oper.

Haydn, Joseph. Allegretto in G dur für Clavier. Unedirt.

Mozart, W. A. Misero! O sogno, o son desto? Recitativ und Arie für Tenor mit Orchesterbegleitung. In Wien 1783 für den Sänger Adamberger componirt.

Beethoven, L. v. Op. 40. G dur-Romanze für Violine mit Begleitung des Orchesters. Componirt und erschienen 1803.

Schubert, Franz. Heidenröslein. Erste Niederschrift. Am 19. August 1815 componirt, 1821 als Op. 3 (No. 3) im Stich erschienen.

Weber, C. M. v. Aufforderung zum Tanze. Rondo für das Pianoforte, Op. 65, componirt 1819. Am Schluss die eigenhändige Bemerkung: „Hosterwitz d: 28t July 1819. C. M. v. Weber."

Mendelssohn-Bartholdy, Felix. Op. 60. Die erste Walpurgisnacht, Ballade für Chor und Orchester. Begonnen 1831, vollendet 1843.

Schumann, Robert. Sie sollen ihn nicht haben, den freien deutschen Rhein. Lied für eine Singstimme (und Chor ad lib.) mit Klavierbegleitung. Componirt und erschienen 1840.

Chopin, Fr. Op. 59, No. 3. Mazourka für Clavier, G moll. Erschien im Druck im Frühjahr 1846, doch nicht in der Tonart der Original-Niederschrift, sondern in Fis moll.

Wagner, Rich. Volksgesang zum Kaisermarsch, 1871 componirt und erschienen.

(Die erste autographirte Ausgabe der Tannhäuser-Partitur mit Jugendporträt Wagner's, nach dem Leben von B. E. Kietz gezeichnet, befindet sich ebenfalls in der Musikbibliothek Peters).

Bilder.

Bach, Joh. Seb. (1685—1750). Oelgemälde (Brustbild) von dem sächsischen Hofmaler *Hausmann* nach dem Leben etwa im Jahre 1735 gemalt. Das Bild befand sich im Besitze und im Nachlasse C. Phil. Em. Bach's. Von einer Enkelin des Letzteren gelangte es 1828 in den Besitz des Leipziger Flötisten Carl Grenser und vom Sohne desselben an die Firma Peters.

Händel, G. F. (1685—1759). Sepiazeichnung (Brustbild oval) nach dem Leben ausgeführt von *G. A. Wolffgang*, London 1737. Das Bild wurde vom Portraitmaler Joh. Heinr. Schröder (1757—1812) von England nach Deutschland gebracht und 1866 von einem der Verwandten Schröder's an den Postdirector Dreysigacker in Meiningen verkauft. Von Letzterem erwarb es 1886 die Firma Peters.

Gluck, C. W. (1714—1787). Oelgemälde (Brustbild). Copie nach *Josephe Sifrède Duplessis* (1725—1802). Original in der kaiserlichen Gallerie Belvedere in Wien.

Haydn, Jos. (1732—1809). Pastellbild (Brustbild) nach dem Leben gemalt vom Dresdener Hofmaler *Anton Graff* (1736—1813). Bis in die dreissiger Jahre der gräfl. Familie Hohenthal gehörend, ging das Bild durch Schenkung in C. Grenser's Besitz über, von dem Sohne des Letzteren an die Firma Peters.

Mozart, W. A. (1756—1791). Medaillon, 1789 mit Silberstift auf Elfenbeincarton nach dem Leben gezeichnet von *Doris Stock*, der Tante Th. Körner's und Freundin Schiller's. Ein Bild aus Mozart's letzten Lebensjahren! Körner's Mutter schenkte die Zeichnung an den Schriftsteller Fritz Förster und dieser wieder an seinen Pflegesohn, den späteren Kapellmeister Carl Eckert. Nach dem Tode des Letzteren gelangte das Bild in den Besitz des Consuls F. Bamberg in Genua und endlich durch eine Versteigerung im Mai 1894 an die Musikbibliothek Peters.

Beethoven, L. v. (1770—1827). Kreidezeichnung (Brustbild) von *Aug. von Kloeber* (1793—1864), 1817 in Mödling bei Wien nach dem Leben gezeichnet. Nach dem Zeugnisse S. W. Dehn's und anderer Musiker, die Beethoven noch im Leben gekannt hatten, wurde das durch unzählige Nachbildungen bekannt gewordene Kloebersche Bild als das ähnlichste anerkannt. Das Original bewahrte die Familie Kloeber's bis 1886, in welchem Jahre es die Firma Peters von der Wittwe des Malers erwarb.

Schubert, Franz. (1797—1828). Aquarellbild (Kniestück), Copie nach *Wilh. Aug. Rieder* (1796—1880).

Schumann, Rob. 1810—1856. Jugend-Portrait, in Aquarell und Oel auf Papier gemalt. Unbeglaubigt.

Büsten.

Mozart, W. A. und **Beethoven**, L. v., in Marmor ausgeführt von *Carl Seffner* (geb. 1861 in Leipzig).

Die Musikbibliothek Peters ist nun am Ende ihres erstjährigen Bestehens angelangt. In wieweit ihre Ziele einem wirklichen Bedürfnisse entsprechen, wird erst eine längere Daseinsdauer ergeben. Inzwischen wird sie, ihrem Programm gemäss, in dem Bestreben fortfahren, insbesondere die Studien der die Musik praktisch ausübenden und der auf diesen Beruf sich vorbereitenden Kunstjünger zu unterstützen. Sie hofft, in der Verfolgung des eingeschlagenen Weges die Resultate zu erreichen, welche ihr bei der Errichtung vorgeschwebt haben.

VERZEICHNISS

der

im Jahre 1894 erschienenen Bücher und Schriften über Musik.

Mit Einschluss der praktisch – theoretischen Schulwerke, der Neuauflagen und Uebersetzungen.

Herausgegeben von Emil Vogel.

Lexika und Verzeichnisse.

Allihn, Max. Wegweiser durch die Harmoniummusik. Berlin, Simon, 1894.

(Batka, Rich.) Aus der Musik- u. Theaterwelt. Beschreibendes Verzeichnis der Autographen-Sammlung Fritz Donebauer in Prag. Prag, 1894, Buchdruckerei Löwit & Lamberg. Selbstverlag.

Bönisch, J. Musikalisches Fremdwörterbuch. Neisse, Selbstverlag.

Catalogue du Musée Mozart, énumerant les objets exposés dans la chambre où naquit Mozart. [Dasselbe in engl. Ausgabe.] Salzbourg, Kerber.

Challier, E. 5. Nachtrag zum grossen Lieder-Katalog. (Juli 1892 bis Juli 1894.) Giessen, Challier.

Kahnt, P. Vollständiges musikalisches Taschen-Wörterbuch. 6. Aufl. Leipzig, Kahnt Nachf.

Katalog der Musikbibliothek Peters. Abtheilung I. II. Leipzig, Peters, 1894.

— der Portrait-Sammlung der k. u. k. General-Intendanz der k. k. Hoftheater. 3. Abtheilung. Wien, Commissions-Verlag von Ad. W. Künast (Wallishausser), 1894.

— für Zither-Musik. 4. verb. u. verm. Aufl. Leipzig, Grude.

(Kistner, Fr.) Verzeichniss des Musikalien-Verlags von Fr. Kistner in Leipzig. Abth. 1. 2. (Leipzig) 1894. (Kistner)

Köhler, L. Führer durch den Clavier-Unterricht. 9., v. Bernh. Vogel verb. Aufl. Leipzig, Schuberth & Co. 1894.

Kümmerle, S. Encyklopädie der evangelischen Kirchenmusik. 31. 32. Lfg. (3. Bd. S. 721—875.) Gütersloh, Bertelsmann.

Loeschhorn, A. Führer durch die Klavier-Literatur. 2. verm. Aufl. Berlin, Bote & Bock.

Mueller, R. Musikalisch - technisches Vokabular. Englisch - Deutsch, Deutsch-Englisch. Leipzig, Kahnt.

(Novello.) Novello, Ewer & Co.'s Catalogues. 1894. No. 1. Organ Music. No. 7. Tonic Sol — Fa Publications. London, Novello.

Pedrell, Phil. Diccionario tecnico de la musica. Barcelona, Victor Derdos, 1894.

Pillaut, L. La musée du conservatoire national de musique. 1er supplément au catalogue de 1884. Paris, Fischbacher.

Pollini, Ces. Terminologia musicale tedesco-italiana. Torino, Bocca, 1894.

Riemann, H. Musik-Lexikon. 4. Aufl. Leipzig, Hesse, 1894.

— Dictionary of music. Translated by J. S. Shedlock. London, Augener & Co.

(Rieter-Biedermann.) Zweiter Nachtrag zum Catalog des Musikalien-Verlages von J. Rieter-Biedermann in Leipzig. 1. Juli 1891 bis 1. April 1894. (Leipzig, 1894.)

Salvioli, G. e C. Bibliografia universale del Teatro drammatico italiano con particolare riguardo alla storia della musica drammatica. Vol. I, disp. 1. Venezia, avv. Carlo Salvioli, 1894.

Schuberth, Jul. Musikalisches Conversations-Lexikon. Ergänzungen u. Berichtigungen. (Fortgeführt bis Ende Oktober 1894 von Bernh. Vogel.) Leipzig, Schuberth & Co.

— Vollständig erklärendes Fremdwörterbuch . . . verm. u. verb. von R. Musiol. 20. Aufl. Leipzig, Schuberth & Co.

Simon, C. Verzeichnis von Harfen - Harmonium - Ensemblemusik, Melodramen u. Weihnachtsmusik m. Harmonium. Berlin, Simon.

Valdrighi, L. F. Nomocheliurgografia antica e moderna ossia elenco di fabbricatori di stromenti armonici. 5. Aggiunta. Modena, Vincenzi e Nip., 1894.

Verzeichniss der im Jahre 1893 erschienenen Musikalien. 42. Jahrg. od. 7. Reihe, 2. Jahrg. Leipzig, Hofmeister.

Wit, P. de- Nachtrag 1894/95 zum Welt-Adressenbuch der gesammten Musikinstrumenten-Industrie 1893. Leipzig, Paul de Wit, 1894.

Periodische Schriften.

Almanach des spectacles publié par Alb. Soubies. 1893. Tome XX (68° de la Collection). Paris, Flammarion.

Annuaire des artistes de l'enseignement dramatique & musical et des sociétés orphéoniques de France & de l'Étranger. Huitième année. (Directeur-Fondateur Emile Risacher.) 1894. Paris, rue Montmartre 167.

— du Conservatoire Royal de Musique de Bruxelles. 18° Année — 1894. Bruxelles, Muquardt, Falk, Succr.

Annuario del R. Conservatorio di Musica di Milano. Anno scolastico 1893-94. (Anno XII.) Milano, stabilimento tipografico E. Reggiani 1894.

Atti dell'Accademia del R. Istituto Musicale die Firenze. Anno 32°. Firenze, tipogr. Galletti e Cocci, 1894.

Bericht des königl. Conservatoriums für Musik (und Theater) zu Dresden über das 38. Studienjahr 1893/94. Dresden, Warnatz & Lehmann.

Blätter, Bamberger —. Offizielles Organ der bayer. Musik-Feste. 1. Jahrg. Mai bis Dezbr. 1894. Bamberg, Handels-Druckerei u. Verlagsh.

— Bayreuther —. Red. u. hrsg. v. H. v. Wolzogen. 17. Jahrg. 1894. Bayreuth (Leipzig, Leede).

— Fliegende für katholische Kirchenmusik. Verantwortlicher Redakteur: Friedr. Schmidt. 29. Jahrgang. 1894. Regensburg, Pustet.

Bouwsteenen. Register op de drie Jaarboeken van de Vereeniging voor Noord-Nederlands Muziekgeschiedenis. (1869—1881.) Amsterdam, Muller & Co. (1894.)

Cäcilia. Zeitschrift für katholische Kirchenmusik. Red. F. Rotter. 2. Jahrg. 1894. Breslau, Goerlich.

Cäcilienkalender s. Jahrbuch (Kirchenmusikalisches).

Centralblatt für Instrumentalmusik, Solo- und Chorgesang. Herausgeber: A. W. Gottschalg. IX. Jahrgang. Leipzig, Licht, 1894.

— der Zithervereine. 1. Jahrg. Oct. 1893 bis Oct. 1894. Wien, Rebay & Robitschek.

— deutscher Zither-Vereine. Red. Hans Thauer. 17. Jahrgang. 1894. München (Leipzig), Kabatek.

Chorgesang s. Centralblatt (für Instrumentalmusik).

Chorwächter, Der —. Eine gemeinverständliche Volksschrift für Kirchenmusik . . . red. v. J. G. E. Stehle. 19. Jahrg. 1894. St. Gallen. (Regensburg, Feuchtinger & Gleichauf.)

Correspondenz-Blatt des evangelischen Kirchengesangvereins für Deutschland. 8. Jahrgang. 1894. Darmstadt, Waitz.

Courier, The musical —. [Vol. XVI.] New-York — London, Blumenberg, 1894.

Directory, The musical —. Annual and Almanack, for 1894. Vol. 42. London, Rudall.

— Reeves' Musical — of Great Britain and Ireland for 1894. London, Reeves.

L'Écho Musical. 24e Année. 1894. Bruxelles, Mahillon & Co.

Echo vom Gebirge. Fachblatt f. d. Interessen d. Zitherspieles. Red. v. Fr. Fiedler. 12. Jahrg. 1894. Tölz (Leipzig, Grude).

Gazetta Musicale di Milano. 1894. Anno 49. 1. 2. Semestre. Milano, Ricordi & Co.

Gregorius-Blatt. Organ f. kath. Kirchenmusik. Hrsg. v. H. Böckeler. 19. Jahrg. 1894. Düsseldorf, Schwann.

Gregoriusbote f. kath. Kirchensänger. Red.: W. Schönen. 11. Jahrg. 1894. Düsseldorf, Schwann.

Guide, Le — musical. Directeur-Rédacteur: Maurice Kufferath. XL Volume. Année 1894. Bruxelles (aux bureaux du journal) — Paris, Fischbacher.

Harmonie. Hrsg. v. Louis Oertel. 7. Jahrg. 1894. Hannover, Oertel.

Haus- und Familienkalender, Boll's musikalischer —. 1894. Berlin, Boll.

Jahrbuch, Kirchenmusikalisches —. 1894. Neunter Jahrgang. Hrsg. v. Fr. X. Haberl. (19. Jahrg. des Cäcilienkalenders.) Regensburg, Pustet.

— des k. k. Hof-Operntheaters in Wien für 1894. Leipzig, Literar. Anstalt.

Jahresbericht, 13. — der internationalen Stiftung: „Mozarteum" in Salzburg 1893. Strassburg, Kerber.

— Neunzehnter — der Königl. Musikschule Würzburg. Würzburg, Druckerei von H. Stürtz, 1894.

Jugendpost, Musikalische —. 9. Jahrg. 1894. Stuttgart, Grüninger.

Kirchenchor, Der —. Organ der Cäcilia-Vereine Vorarlbergs u. d. Diöcese Gurk. Red. Fr. Jos. Battlogg. 24. Jahrg. 1894. Curtis (Bregenz, Teutsch).

— Zeitschrift des Kirchenchorverbandes der sächsischen Landeskirche. Verantwortlich f. d. Schriftleitung: Organist Meissner. 5. Jahrgang. 1894. Verlag: Vorstand des Kirchenchor-Verbandes in Sachsen.

Kirchensänger, Der katholische —. Monatschrift des Cäcilien-Vereins der Erzdiöcese Freiburg. Red. Jos. Schulz u. S. Bürgenmaier. 7. Jahrg. 1894. Freiburg, Herder.

Klavier-Lehrer, Der —. Herausgegeben von Emil Breslaur. 17. Jahrgang. 1894. Berlin, Peiser.

Konzertsaal, Leipziger —. Schriftleitung: Fr. Wild u. P. Alex. Wolff. Winterhalbjahr. 1894/95. (I. Jahrgang.) Leipzig, Wild.

Kunst - Chronik, Allgemeine —. Hrsg.: Jos. Albert. Schriftleitung: Ad. Roeper u. Hans Moltan. 18. Jahrg. 1894. München, Jos. Albert.

Kunst- u. Musik-Zeitung, Deutsche —. Hrsg. Ad. Robitschek. Red.: Jos. Buschmann. 21. Jahrg. 1894. Wien, Rebay & Robitschek.

Lyra, Die —. Wiener allgem. Zeitschrift f. d. literar. u. musikalische Welt. Hrsg.: A. A. Naaff. 17. Jahrg. Oktbr. 1893 bis Septbr. 1894. Wien (Leipzig, Kittler).

Magazine, The — of music. Letterpress part, Music part. Vol. II. Published by John W. Coates. London, St. Martin's House, 1894.

Ménestrel, Le —. 60e Année — 1894. Paris, Hengel & Cie.

Militär - Musik - Zeitung, Neue —. Verantwortlicher Schriftleiter: Th. Kewitsch. 1. Jahrg. 1894. Hannover, Lehne & Komp.

Militär-Musiker-Zeitung. Deutsche —. Red. u. Hrsg.: Emil Prager. 16. Jahrg. 1894. Berlin, Prager.

Monatsbericht, Musikalisch-literarischer — über neue Musikalien, musikalische Schriften . . . f. d. Jahr 1894. 66. Jahrg. Leipzig, Hofmeister.

Monatshefte für Musik-Geschichte. 26. Jahrgang. 1894. Redigiert von Robert Eitner. Leipzig, Breitkopf & Härtel.

Monde musical, Le —. Directeur: E. Mangeot. Paris, 3 rue du 29 Juillet.

Musica sacra. Gegründet von Dr. F. X. Witt. Monatschrift für Hebung und Förderung der kathol. Kirchenmusik. Herausgegeben von Dr. Franz Xaver Haberl. Neue Folge VI., als Fortsetzung 27. Jahrgang. 1894. Regensburg, Pustet.

— sacra. Rivista liturgica musicale. Anno XVIII. G. Gallignani, Milano. 1894.

Musiker- Kalender, Allgemeiner Deutscher — f. 1894. Red. v. Bernh. Wolff. 16. Jahrg. 2 Theile. Berlin, Raabe & Plothow.

— Max Hesse's Deutscher — für das Jahr 1894. 9. Jahrg. Leipzig, Hesse.

Musiker-Zeitung, Deutsche —. Im Auftrage herausgegeben von Julius Bumke. 25. Jahrgang. 1894. Berlin, Buchdruckerei von Otto Dreyer.

Musik-Instrumenten-Zeitung. Red.: Carl Baetz. 4. Jahrg. Oktbr. 1893 bis Septbr. 1894. Berlin, Warschauer.

Musik-Zeitung, Allgemeine —. Redakteur: Otto Lessmann. 21. Jahrgang 1894. Charlottenburg.

— **Fachblatt** der Musikdirektoren. Red.: Paul Grüner. 2. Jahrg. 1894. Berlin, Genossensch. d. Komponisten.

— **Internationale** —. Hrsg.: Fr. Wagner. Red.: Siegfried Speier. Jahrg. 1894. Wien (Leipzig, Grude).

— **Neue** —. Red.: A. Svoboda u. E. Raschdorff. 15. Jahrgang 1894. Verlag von Carl Grüninger, Stuttgart.

Musikzeitung, Neue Berliner —. Redakteur: Aug. Ludwig. 48. Jahrgang. Berlin-Gross-Lichterfelde, Ludwig. 1894.

— **Schweizerische** — und Sängerblatt. Red.: A. Niggli. 34. Jahrg. 1894. Zürich, Hug & Co.

Neujahrsblatt, 82 — der allgemeinen Musikgesellschaft in Zürich auf das Jahr 1894. (Enthält O. Lüning: Hector Berlioz. Teil 2.) Zürich, Füssli.

News, Musical —. Vol. VI. VII. 1894. London, Office: 130, Fleet Street.

Opinion, Musical — and Music Trade Review. Vol. XVIII. London, E. C. 150, Holborn. 1894.

Orchester, Das —. Red.: Bruno Schulze. 11. Jahrg. 1894. Dresden, Seeling.

Orgel, Die —. Monatsschrift f. Orgelmusik u. ev. Kirchengesang. Red. v. Fritz Lubrich. 5. Jahrg. Oktbr. 1893 bis Septbr. 1894. Leipzig, Klinner.

Record, Mounthly Musical —. Vol. XXIV. London, Augener. 1894.

Review, The new quarterly musical —. Vol. I (1893/4). London, Cocks & Co.

— **The** scottish musical —. (Vol. I.) 1894/5. Glasgow, Oswald Street.

Revue, Neue musikalische —. Herausgeber Franz Wagner und Carl Kratochwill. III. Jahrgang. Wien, 1894.

Rivista Musicale Italiana. Vol. I. Torino, Frat. Bocca, 1894.

Rundschau, Musikalische —. Hrsg. v. Jos. Graf. 9. Jahrg. 1894. Wien, Graf's Zeitungsverl.

Sängerhalle, Die —. Redigiert von Carl Kipke. 34. Jahrgang. 1894. Leipzig, Siegel.

Scuola Veneta, La — di musica sacra. Rivista liturgica musicale. Dir.: G. Tebaldini. Anno III. Venezia, 1894, editoria della Scuola ven. di mus. sacra.

Signale für die musikalische Welt. Herausgegeben von Bartholf Senff. 52. Jahrgang. Leipzig, Senff, 1894.

Siona. Monatsschrift f. Liturgie, Hymnologie u. Kirchenmusik . . . hrsg. v. Max Herold. 19. Jahrg. 1894. Gütersloh, Bertelsmann.

Standard, Musical — Vol. I. II. (46. 47.) 1894. London, E. C. 185 Fleet Street.

Times, The Musical —. Vol. XXXV. London, Novello, 1894.

Urania. Musik-Zeitschrift f. Orgelbau, Orgel- u. Harmoniumspiel . . . Hrsg. A. W. Gottschalg. 51. Jahrg. 1894. Erfurt, Conrad.

Vierteljahrs-Schrift, Kirchenmusikalische —. Hrsg. v. J. Katschthaler. IX. Jahrgang. Salzburg, Mittermüller, 1894.

Vierteljahrsschrift für Musikwissenschaft. Hrsg. v. Friedr. Chrysander, Ph. Spitta u. Guido Adler. 10. Jahrgang. 1894. Leipzig, Breitkopf & Härtel.

Volksgesang, Der —. Organ des schweizerischen Gesang- u. Musiklehrer-Vereins. Red.: F. Schneeberger. 1. Jahrg. Novbr. 1893 bis Oktbr. 1894. Bern, Lack, Scheim & Co.

Welt, Fromme's musikalische —. Notizkalender für das Jahr 1894. Red. v. Theod. Helm. Wien, Fromm.

Wochenblatt, Musikalisches —. Herausgegeben von E. W. Fritzsch. 25. Jahrgang. Leipzig, Fritzsch, 1894.

Zeitschrift für Instrumentenbau. Herausgegeben von Paul de Wit. 14. Band, 1893—1894. Leipzig, P. de Wit.

— für Musik, Neue — 1894. 61. Jahrgang. (Band 90.) Red.: Paul Simon. Leipzig, Kahnt Nachf.

Zither-Signale. Red.: P. Ed. Hoenes. 16. Jahrg. 1894. Trier, Hoenes.

Zither-Zeitung, Wiener —. Hrsg. u. Red.: Franz Wagner. 8. Jahrg. 1894. Wien (Leipzig, Grude).

Geschichte der Musik.

Abdy Williams, C. F. A short historical account of the degrees in Music at Oxford and Cambridge with a chronological list of graduates in that faculty from the year 1463. London, Novello.

Ackermann, A. Der synagogale Gesang in seiner historischen Entwickelung. (Aus: Winter u. Wünsche, die jüdische Litteratur seit Abschluss des Kanons. III Bd.) Trier, Mayer, 1894.

Alsleben, Jul. Festschrift zur Feier des 50 jährigen Bestehens des Berliner Tonkünstlervereins. Berlin, Druck von Denter & Nicolas.

Bapst, Germ. Essai sur l'histoire du théâtre. Paris, Hachette.

Batka, Rich. Grillparzer und der Kampf gegen die deutsche Oper in Wien. (Jahrbuch der Grillparzer-Gesellschaft, 4. Jahrg.) Wien, 1894.

Biaggi, Aless. La musica del cinquecento. (La vita italiana nel cinquecento. III, Arte.) Milano, Treves, 1894.

Branzoli, Gius. Sunto storico dell' Intavolatura e metodo pratico per suonare il Liuto. Firenze — Roma, Venturini.

Bricqueville, Eug. de - Les Musettes. Paris, Cerf, 1894.

Brouver, Sim. de - „Don Giovanni" nella poesia e nell' arte musicale. Napoli, Tip. della R. Università, 1894.

Buzzi, G. J. Cenni storici del corpo di musica municipali di Milano. Milano, Tip. Rozza.

Caffarelli, F. di- Gli strumenti ad arco e la musica da camera. Milano, Hoepli, 1894.

Culverhouse. E. A history of music and musicians, from the Renaissance to the present time. London, Allman.

Daniel, R. B. Chapters on Church Music. London, Stock.

Dupuich, R. La côte du violon ancien. Traité de lutherie ancienne. Paris, R. Fissore, 1894.

Eichborn, H. L. Das alte Clarinblasen auf Trompeten. Leipzig, Breitkopf & Härtel.

Einfluss, Der- des tonischen Accentes auf die melodische u. rhytmische Struktur der gregorianischen Psalmodie v. den Benediktinern zu Solesmes. [Übersetzung von P. Bohn. Vergl. „Paléographie musicale" vol. III, Solesmes, 1892.] Freiburg, Herder.

Elben, O. Erinnerungen aus der Geschichte des Stuttgarter Liederkranzes. Stuttgart, Müller & Comp.

Fletcher, Alice C. A study of Omaha Indian Music. Cambridge, Peabody Museum.

Frenzel, Rob. Die Orgel und ihre Meister. Dresden, Justus Naumann.

Gaudefroy, A. La Chapelle nationale russe de M. Slaviansky d'Agreneff à Lille. Lille, imp. du „Nouvelliste".

Gebeschus, J. Geschichte der Musik. Berlin, Schultze.

Griggs, J. C. Studien über die Musik in Amerika. Leipzig, Breitkopf & Härtel.

Hart, G. Le violon, les luthiers célèbres et leurs imitateurs. Traduit de l'anglais par A. Royer. Paris, Rouam.

Held, K. Das Kreuzkantorat zu Dresden. Leipzig, Breitkopf & Härtel, 1894.

Hope, R. C. Mediæval Music. London, Stock.

Kappey, J. A. Military Music. London, Boosey & Co.

Kauffer, Osw. Musica sacra. Vortrag. Leipzig, Wallmann.

Keller, O. Geschichte der Musik. (Bibliothek für Kunst- und Literaturgeschichte, 4. Bd.) Leipzig, Friesenhahn.

Kothe, Bernh. Abriss der Musikgeschichte. 6. Aufl. Leipzig, Leuckart, 1894.

Lefebure, L. La Musique et les beaux — arts à Lille au XVIIIe siècle. Lille, impr. Lefebure — Ducrocq.

Malim, A. W. English Hymn Tunes, from the 16th Century to the Present Time. London, Reeves.

Mallarmé, S. Oxford Cambridge. La musique et les lettres. Paris, Didier.

Migge, O. Das Geheimniss der berühmten italienischen Geigenbauer. Frankfurt a. M. Gebr. Staudt. 1894.

Mocenigo, G. I teatri moderni di Vicenza dal 1650 al 1800. Bassano, Tip. S. Pozzato.

Monro, D. B. The modes of ancient greek Music. Oxford, Clarendon Press, 1894.

Montanelli, Archimede. La canzone popolare e l'indirizzo musicale moderno. Forlì, Tip.-Lit. democratica, 1894.

Morsch, A. Der italienische Kirchengesang bis Palestrina. 2. Aufl. Berlin, Steinitz.

Nagel, Wilib. Geschichte der Musik in England. 1. Th. Strassburg, Trübner.

— Annalen der englischen Hofmusik. (1509—1649.) (Beilage zu den Monatsheften für Musikgeschichte, Bd. 26.) Leipzig 1894, Breitkopf & Härtel.

Naumann's History of Music with notes and additional chapters by F. G. Ouseley. Part 1. London, Cassell & Co. (1894).

Niederheitmann, F. Cremona. Translated by W. H. Quarrell. London, Cocks & Co.

Paglicci-Brozzi, A. Il Regio ducal teatro di Milano nel sec. XVIII. Milano, Ricordi (1894).

Parodi, L. La musica greca. Genova, Tip. Ciminago.

Parry, C. H. H. Summary of the history and development of mediæval and modern European Music. London, Novello.

Perfall, K. v. Ein Beitrag zur Geschichte der königl. Theater. München, Piloty & Löhle, 1894.

Pfohl, Ferd. Die moderne Oper. Leipzig, Reissner.

Pierre, Const. Le magasin de décors de l'Opéra rue Richer, son histoire (1781—1894). Paris, Fischbacher.

Poznanski, J. B. The Violin and Bow. London, St. Cecilia Music publishing Co.

Reinach, Théod. La musique grecque et l'hymne à Apollon. (Conférence faite à l'„Association pour l'encouragement des études grecques".) Paris, Leroux, 1894.

Sandberger, Ad. Beiträge zur Geschichte der bayerischen Hofkapelle unter Orlando di Lasso. 1. Buch. Leipzig, Breitkopf & Härtel, 1894.

Sax, C. v. Bosnische Musik. (Wissenschaftl. Mittheilungen aus Bosnien u. der Hercegowina, Bd. 2.) Wien, Gerold's Sohn.

Schauerte, H. Geschichte der liturgischen Musik. Paderborn, Junfermann.

Soubies, Alb. 69 ans à l'Opéra Comique. 1825—94. Paris, Fischbacher.

— Musique Russe et musique Espagnole. Paris, Fichbacher.

Stocks, W. H. A short History of the Organ, Organists, and Services of the Dulwich College Chapel. London, Reeves.

Stolz, J. Allgemeine Geschichte der Musik. Graz, Wagner.

Taylor, H. J. Historical facts relating to Music. London, Weekes and Co.

Tebaldini, G. La musica sacra in Italia. Milano, Palma.

Tiersot, Julien. Les types mélodiques dans la chanson populaire française. Paris, Sagot, 1894.

Ungarelli, Gasp. Le vecchie danze italiane ancora in uso nella provincia bolognese. Roma, Forzani, 1894.

Valentini, A. I Musicisti Bresciani ed il Teatro Grande. Brescia, Tip. Queriniana, 1894.

Wasielewski, W. J. v.- The Violoncello and its History . . . from the German . . . by J. S. E. Stigand. London. Novello.

Wiel, T. I teatri musicali di Venezia nel settecento. (Nuovo Archivio Veneto. III, 1893. IV, 1894. Venezia.)

Wittko, Paul. Das erste Kartellfest des Verbandes deutscher Studenten-gesangvereine zu Sondershausen. Nordhausen, Müller.

Biographien u. Monographien in Sammlungen.

Bellaigue, Cam. L'année musicale et dramatique 1893. Paris, Ch. Delagrave, 1894.

Frenzel, R. Die Orgel und ihre Meister. Dresden, Naumann.

Griffiths, J. R. Musicians an their Compositions. London, Partridge and Co.

Hadow, W. H. Studies in Modern Music. Hector Berlioz, Robert Schumann, Richard Wagner. — Second Series: Frederick Chopin, Anton Dvorak, Johannes Brahms. London, Seeley & Co.

Hervey, A. Masters of French Music. Osgood, Mellwaine and Co.

Imbert, H. Portraits et Études. Avec des lettres inédites de Georges Bizet. Paris, Fischbacher, 1894.

Jullien, Ad. Musiciens d'aujourd'hui (deuxième série). Paris, Librairie de l'Art, 1894.

La Mara. [M. Lipsius.] Musikalische Studienköpfe. Band 1. 7. Aufl. Leipzig, Schmidt & Günther.

Morsch, A. Deutschlands Tonkünstlerinnen. 2. (Titel-) Aufl. Berlin, Steinitz.

Ohly, Em. Aus der Jugendzeit berühmter Künstler. (Beethoven. Corregio. Palestrina.) Leipzig, Oehmigke.

Schumann, Rob. Écrits sur la musique et les musiciens, traduits par Henri de Curzon. Paris, Fischbacher.

Spitta, Philipp. Musikgeschichtliche Aufsätze. Berlin, Gebr. Paetel.

Stolz, J. Pianisten und Komponisten. Graz, Wagner.

Biographien und Monographien.

Bach. J. S.
   Pirro, A. L'Orgue de Jean-Sébastien Bach. Avec préface de M. Widor. Paris, Fischbacher.

Barbi, Alice.
   P., A. Alice Barbi zum Abschied. Wien, Doblinger.

Beethoven, L. v.
   Morin, A. L. van Beethoven. Fünfte Symphonie in C-moll (Op. 67) erläutert von —. (Der Musikführer. No. 1.) Frankfurt a. M., Bechhold.
   — Sittard, J. L. v. Beethoven. Neunte Symphonie in D-moll. Erläutert von —. (Der Musikführer. No. 4.) Frankfurt a. M., Bechhold.

Beethoven, L. v.

— Wasielewski, W. J. v. Ludwig van Beethoven. 2. (Titel-) Ausgabe. Leipzig, List & Francke.

Bellini, Vincenzo.

Amore, Ant. Vincenzo Bellini. Vita, studi e ricerche. Catania, Giannotta, 1894.

Berlioz, Hector.

Grüters, Aug. Hector Berlioz. Requiem (Grande Messe des morts) erläutert von —. (Der Musikführer. No. 9—10.) Frankfurt a.M., Bechhold.

— Lüning, O. Hector Berlioz. 2. Teil. (82. Neujahrsblatt der allgemeinen Musik-Gesellschaft in Zürich auf das Jahr 1894.) Zürich, Füssli.

Bizet, Georges.

Imbert, H. Lettres inédites de Georges Bizet. (Portraits et Études.) Paris, Fischbacher. 1894.

— Montanelli, Archimede. Giorgio Bizet, cenni biografici. Massa, Medici.

Brahms, Joh.

Imbert, H. Étude sur Johannes Brahms. Paris, Fischbacher, 1894.

— Knorr, Iwan. Johannes Brahms, Variationen über ein Thema von J. Haydn für Orchester. Op. 56a erläutert von —. (Der Musikführer. No. 3.) Frankfurt a. M., Bechhold.

Bülow, H. v.

Pfeiffer, Th. Studien bei Hans v. Bülow. 1.—4. Aufl. Berlin, Luckhardt.

Sternfeld, Rich. Hans von Bülow. Leipzig, E. W. Fritzsch.

— Zabel, Eug. Hans v. Bülow. 1. 2. Aufl. Hamburg, Gräfe & Sillem, 1894.

Calvisius, Sethus.

Benndorf, K. Sethus Calvisius als Musiktheoretiker. (Inaugural-Dissertation.) Leipzig, Breitkopf & Härtel, 1894.

Catelani, Angelo.

Valdrighi, L. F. Cataloghi della musica di composizione e proprietà del M°. Angelo Catelani, preceduti dalle sue memorie autobiografiche. Modena, Società tipografica, 1893. (Umschlagtitel: 1894.)

Charles V.

Straeten, Edm. van der-: Charles Quint, Musicien. Gand, Vuylsteke, 1894.

Chédeville.

     Thoinan, Ern. Les Hotteterre et les Chédeville célèbres joueurs et facteurs de flûtes, hautbois, bassons et musettes des XVIIe et XVIIIe siècles. Paris, Sagot, 1894.

Cursch-Bühren, Fr. Th.

     Gutjahr, E. A. Erläuterungen zu Franz Theodor Cursch-Bühren's Festspiel „Hans Sachs in Leipzig". Leipzig, Pöschel & Trepte. 1894.

Dufay, Guillaume.

     Lisio, Gius. Una stanza del Petrarca musicata dal Du-Fay. Bologna, Treves.

Favart, Ch. S.

     Font, Aug. Favart, l'opéra — comique et la comédie - vaudeville aux XVIIe et XVIIIe siècles. Paris, Fischbacher, 1894.

Framery, Nic. Et.

     Carlez, J. Framery, littérateur-musicien. Caen, Delesques.

Franck, Caesar.

     Scholz, Bernh. Caesar Franck. Die Seligkeiten (Les Béatitudes) erläutert von —. (Der Musikführer No. 11—12.) Frankfurt a. M., Bechhold.

Franz, Rob.

     Procházka, Rud. Robert Franz. (Musiker-Biographien 16. Band) Leipzig, Reclam jun.

     — Waldmann, Wilh. Robert Franz. Gespräche aus zehn Jahren. Veröffentlicht von —. Leipzig, Breitkopf & Härtel, 1895. (Umschlagtitel: 1894.)

Gade, N. W.

     Gade, Dagmar. Niels W. Gade. Aufzeichnungen und Briefe. Basel, Geering, 1894.

Gastinel, L.

     Boisson, F. Léon Gastinel. Paris, impr. Schenck.

Hanslick, Ed.

     Hanslick, Ed. Aus meinem Leben. 2 Bde. 3. Aufl. Berlin W., Verein für Deutsche Literatur. 1894.

Haydn, Jos.

     Humperdinck, Engelb. Joseph Haydn. Symphonie in Es-dur. Erläutert von —. (Der Musikführer. No. 6.) Frankfurt a. M., Bechhold.

     — Widmann, Bened. Joseph Haydn. Schöpfung, erläutert von —. (Der Musikführer. No. 13—14.) Frankfurt a. M., Bechhold.

Hiller, Joh. Adam.
Peiser, Karl. Johann Adam Hiller. Leipzig, Hug & Co., 1894.

Homeyer, Jos. M.
Steinhäuser, Wilh. Die Abenteuer eines deutschen Orgelvirtuosen. Aus Joseph Maria Homeyer's Leben. Mühlhausen i. Th., Andres.

Hotteterre.
Thoinan, Ern. Les Hotteterre et les Chédeville célèbres joueurs et facteurs de flûtes, hautbois, bassons et musettes des XVIIe et XVIIIe siècles. Paris, Sagot, 1894.

Kahn, Rob.
Radecke, E. Robert Kahn. Leipzig, Leuckart, 1894.

Lasso, Orlando di-
Declève, J. Roland de Lassus. Sa vie & ses oeuvres. Mons, typogr. de Léop. Loret, 1894.

— Destouches, E. v. Orlando di Lasso. München, Leutner, 1894.

— Sandberger, Ad. Historische Anmerkungen verfasst für das Programmbuch des am 15. Juni 1894 im K. Odeon zu München stattfindenden Fest-Concerts zu Ehren Orlando di Lasso's. [In ital. Uebersetzung: Rivista Musicale Ital. I, fasc. 4.] München, 1894. Kgl. Hof- u. Univers.-Buchdruckerei von Wolf & Sohn.

— — Beiträge zur Geschichte der bayerischen Hofkapelle unter Orlando di Lasso. 1. Buch. Leipzig, Breitkopf & Härtel, 1894.

Lind, Jenny.
Wilkens, C. A. Jenny Lind. Ein Cäcilienbild aus der evangel. Kirche. (Aus: Beweis d. Glaubens) Gütersloh, Bertelsmann.

Liszt, Franz.
Chop, M. Führer durch Liszt's sinfonische Dichtungen. 3. Aufl. Leipzig, Rossberg.

— La Mara. [M. Lipsius.] Franz Liszt's Briefe an eine Freundin. (Franz Liszt's Briefe, 3. Band.) Leipzig, Breitkopf & Härtel, 1894.

— — Letters of Franz Liszt. Translated by Const. Bache. 2 vol. London, Grevel & Co.

— Ramann, L. Franz Liszt. II. Band, 2. Abth. Leipzig, Breitkopf & Härtel, 1894.

Loewe, Carl.
Runze, Max. Ludwig Giesebrecht u. Carl Loewe. Berlin, Duncker.

— Wossidlo, W. Carl Loewe als Balladenkomponist. Berlin, Schlesinger.

Mascagni, P.

Pudor, H. Zur Erklärung der Cavalleria rusticana. 4. (Titel-) Aufl. Dresden, Damm.

Mendelssohn, Fanny.

Sergy, E. Fanny Mendelssohn, d'après les mémoires de son fils. 2me Edition. Paris, Fischbacher.

Mozart, W. A.

Glück, Aug. W. A. Mozart. G-moll-Symphonie. Aus dem Jahre 1788. Erläutert von —. (Der Musikführer. No. 8.) Frankfurt a. M., Bechhold.

Munzinger, Karl.

Niggli, A. Karl Munzinger. Leipzig, Hug & Co.

Palestrina, Gio. Pierluigi.

Buttignoni, G. La Messa Iste Confessor di Palestrina a S. Giusto. Trieste, Werk.

— Feste Palestriniane e secondo congresso nazionale di musica sacra in Parma. Nov. 1894. Parma, Tip. Fiaccadori.

— Haberl, Fr. X. Giovanni Pierluigi da Palestrina und das Graduale Romanum der editio Medicaea von 1614. Regensburg, Pustet.

— Molteni, M. A proposito della „Missa Papae Marcelli" di Pier Luigi da Palestrina. (Gazzetta letteraria, XVIII. 7. Torino, 1894.)

— Spitta, Philipp. Palestrina im 16. und 19. Jahrhundert. (Deutsche Rundschau, XX. 7. Berlin, 1894.)

— Valetta, J. Il centenario del Palestrina. (Nuova Antologia, XLIX. 3. Roma, 1894.)

Pfeiffer, M. Traugott.

Keller, J. Michael Traugott Pfeiffer. Frauenfeld, Huber.

Pollastri, Ant. & Ign.

Valdrighi, L. F. Antonio e Ignazio Pollastri musicisti modenesi (1765—1852). Modena, Tip. del Commercio, febbraio 1894.

Rinuccini, Ottavio.

Meda, F. Ottavio Rinuccini. Milano, Ricordi (1894).

Rust, Fr. Wilh.

Prieger, Er. Friedrich Wilhelm Rust, ein Vorgänger Beethoven's. Köln, Tonger.

Schubert, Franz.

Niggli, A. Franz Schubert. Symphonie in C-dur. Erläutert von —. (Der Musikführer. No. 7.) Frankfurt a. M., Bechhold.

Spies, Hermine.

(Spies.) Hermine Spies. Ein Gedenkbuch für ihre Freunde. Stuttgart, Göschen.

Steinway, William.

Floersheim, O. William Steinway. (Sep.-Abdr. aus „Nord und Süd". Bd. 66, Heft 198.) Breslau, Schottländer.

Strauss, Joh.

Eisenberg, Ludw. Johann Strauss. Leipzig, Breitkopf & Härtel, 1894.

— Kleinecke, Rud. Johann Strauss. (Universal-Bibl. für Musik-Litt. No. 8.) Leipzig, Hedrich.

Tinel, Edgar.

Scholz, Bernh. Edgar Tinel. Franciscus bearbeitet von —. (Der Musikführer. No. 2.) Frankfurt a. M., Bechhold.

Tschaikowsky, Peter.

Knorr, Iwan. Peter Tschaikowsky. Suite No. 3 (in G-dur) für Orchester. Op. 55 erläutert von —. (Der Musikführer. No. 5.) Frankfurt a. M., Bechhold.

Verdi, Gius.

Valori, le prince de- Verdi et son oeuvre. Paris, Calmann Lévy.

Wagner, Rich.

Bayreuth 1894. Praktisches Handbuch für Festspielbesucher. (Deutsche, engl. u. franz. Ausgabe.) Leipzig, Wild.

— Bayreuth-Album 1894. Elberfeld, Lucas.

— Brinn Gaubast, Louis-Pilate de- et Barthélemy, Edm. Richard Wagner. La Tétralogie de l'Anneau du Nibelung. Paris, E. Dentu, 1894.

— Chamberlain, H. St. Richard Wagner. Echte Briefe an Ferd. Praeger. Kritik der Praeger'schen Veröffentlichungen. Vorwort von Hans v. Wolzogen. Bayreuth, Grau.

— — Le Drame Wagnérien. Paris, Chailley, 1894.

— Destranges, É. Tannhäuser de Rich. Wagner. Étude analytique. Paris, Fischbacher.

— Drönewolf, O. Eine „Parsifal"-Aufführung in Bayreuth. Bayreuth, Heuschmann.

— Ellis, Will. Ashton. Der Aufstand in Dresden. Ein geschichtlicher Rückblick zur Rechtfertigung Richard Wagner's. Deutsche Ausgabe ... redigirt von Hans von Wolzogen. Leipzig, Reinboth.

Wagner, Rich.

Fiedler, Fr. Aus der Musikantenhölle. Ein Urtheil über Richard Wagner im Jenseits. Graz, Wagner.

— Glasenapp, C. Fr. Das Leben Richard Wagner's in sechs Büchern dargestellt. 3., gänzlich neu bearb. Ausgabe von „Richard Wagner's Leben und Wirken". Band I (1813—1843). Leipzig, Breitkopf & Härtel, 1894.

— Goldschmitt, E. Bayreuther Bühnenfestspiele 1894. Verzeichniss der Festgäste. Bayreuth, Niehrenheim & Bayerlein.

— Hébert, M. Le sentiment religieux dans l'œuvre de R. Wagner. Paris, Fischbacher.

— Heinrich. Wagnerbüchlein. Richard Wagner's Leben und Schaffen und der Nibelungenring nach seinem Inhalte und den zu Grunde liegenden deutschen Mythen. Dresden, Lehmann, 1894.

— Heintz, A. Wegweiser durch die Motivenwelt der Musik zu Richard Wagner's Bühnenfestspiel „Der Ring des Nibelungen". Charlottenburg, Allgem. Musik-Zeitung.

— — Richard Wagner's „Lohengrin". Nach Dichtung und musikalischer Entwickelung dargestellt. Charlottenburg, Verlag der Allgem. Musik-Zeitung.

— Hennig, C. R. Zur Verständigung. Ein Beitrag zur Wagner-Sache. Leipzig, Reinboth.

— Hoffmann, W. [G. Bleisteiner.] Der Richard Wagner-Taumel. Leipzig, Siegismund & Volkening.

— Jahn, A. Leitfaden zu Rich. Wagner's „Lohengrin". Leipzig, Reinboth.

— Kilburn, N. Wagner's Parsifal and the Bayreuth Fest-Spielhaus. London, Reeves.

— Kufferath, M. Siegfried. Essai de critique littéraire, esthétique et musicale. Paris, Fischbacher.

— — Guide thématique et analyse de Tristan et Iseult. Paris, Fischbacher, 1894.

— Mogavero, G. L'opera di R. Wagner. Palermo, Clausen, 1894.

— Parkinson, Frank. Bibliography of Wagner's Leit-Motives & Preludes. London, Waterlow & Layton.

— Pfohl, Ferd. Führer durch Rich. Wagner's „Tannhäuser u. der Sängerkrieg auf Wartburg". 3. Aufl. Leipzig, Reinboth.

Wagner, Rich.

Pfohl, Ferd. Führer durch R. Wagner's deutsche Nationaloper „Die Meistersinger von Nürnberg". 2. Aufl. Leipzig, Reinboth.

— Porges, Heinr. Richard Wagner's Bühnenfestspiel „Der Ring des Nibelungen". 3. (Titel-) Aufl. München, Merhoff.

— Ricchetti, A. Note Wagneriane. Bayreuth 1892. Monaco 1893. Milano, Kantorowicz, 1894.

— Ritter, C. R. Wagner's „Parsifal". 9 Scenenbilder mit Vorwort von H. v. Wolzogen. Bayreuth, Heuschmann.

— Schuré, E. Le Drame musical. R. Wagner, son œuvre et son idée. Paris, Didier.

— Ursini-Scuderi, S. Riccardo Wagner e l'opera sua. Palermo, C. Clausen.

— Waddel, P. H. The Parsifal of R. Wagner at Bayreuth 1894. London, Blackwood.

— (Wagner, Rich.) Fünfzehn Briefe. Nebst Erinnerungen u. Erläuterungen v. Eliza Wille, geb. Sloman. Berlin, Gebr. Paetel, 1894.

— — Quinze lettres de Richard Wagner, accompagnées de souvenirs ... par Mme Eliza Wille. Traduction française de Mlle Aug. Staps. Bruxelles, veuve Monnom, imprimeur.

— — Richard Wagner's Briefe an August Roeckel. Eingeführt durch La Mara. Leipzig, Breitkopf & Härtel.

— — Lettres de R. Wagner à Auguste Roeckel. Trad. française de M. Kufferath. Bruxelles (Leipzig), Breitkopf & Härtel.

— — Opera e Dramma. Traduzione e note di L. Torchi. Torino, Bocca (1894).

— Wagner-Museum, Das Richard- und die Zukunft des Wagnerthums. Ein Aufruf an die Wagnerianer. Leipzig, Wild.

— Wolzogen, H. v. Thematischer Leitfaden durch die Musik zu Rich. Wagner's „Tristan und Isolde". 5. Aufl. Leipzig, Reinboth.

— — Tristan et Iseult de R. Wagner. Guide sur la légende, le poème et la musique. Trad. de l'allemand. Paris, Fischbacher.

— — Thematischer Leitfaden durch die Musik zu Rich. Wagner's „Parsifal". 11. Aufl. Leipzig, Reinboth.

— — Recollections of Richard Wagner. Translated from the German by Agnes and C. Simpson. Bayreuth, Giessel.

3

Allgemeine Musiklehre.

(Elementarlehre, Harmonie-, Kompositions- und Formenlehre.)

Bridge, J. Fr. Musical gestures, a practical guide to the study of the rudiments of music. London, Novello.

Bussler, Ludw. Musikalische Formenlehre in 33 Aufgaben. 2. Aufl. Berlin, Habel.

— Musical form. Translated by N. Gans. Berlin, Habel.

— Practical Harmony. Translated by N. Gaus. Berlin, Habel.

Colberg, P. Die Anfangsgründe der Harmonielehre. Dresden, Hertz.

Danhauser, A. Premiers éléments de musique et chants pour les petits enfants, d'après le programme de la ville de Paris. Paris, Hachette.

Dunstan, R. Basses and Melodies for students of harmony. London, Novello.

Engelke, Leop. Neues System der Musikschrift. Bremen, Schweers & Haake.

Fischer, K. Das natürliche Harmoniesystem. Principien einer modernen Musiktheorie. München, Merhoff.

Fisher, H. The candidate in music. Book 2: Harmony. London, Curwen.

Gleich, Ferd. Handbuch der modernen Instrumentirung für Orchester und Militär-Musikcorps. 4. Aufl. Leipzig, Kahnt Nachf.

Glen, A. How to accompany. A Guide to the artistic Accompaniment of any musical Composition. London, Rob. Cocks & Co.

Grasso, Fr. P. Corso completo di Armonia, Contrappunto e Fuga. Milano, E. Nagas.

Griffiths, S. Charles. The military band; how to form, train and arrange for reed and brass bands. London, Rudall, Carte & Co.

Heinze, L. Harmonie- und Musiklehre. 2. Teil. Formenlehre, Organik u. Geschichte der abendländischen Musik. 3. Aufl. Breslau, Handel.

Hiebsch, Jos. Lehrbuch der Harmonie. Wien, Pichlers Wwe & Sohn.

Jadassohn, S. Die Formen in den Werken der Tonkunst. 2. Aufl. (Musikalische Kompositionslehre, Bd. 4.) Leipzig, Breitkopf & Härtel.

Klauwell, O. Die Formen der Instrumentalmusik. (Universal-Bibl. für Musiklitteratur. No. 9—10.) Leipzig, internat. Verlags- und Kunstanstalt.

Krause, C. Chr. Fr. Zur Theorie der Musik. Aus d. handschriftl. Nachlasse des Verf. hrsg. v. Rich. Vetter. Weimar, Felber.

Laaser, C. A. Gedrängte theoretisch-praktische Instrumentations-Tabelle für Militär-Infanterie-Musik. Leipzig, Merseburger.

Macpherson, St. Practical Harmony. London, J. Williams.

Marschner, Fr. Die Klangschrift. Ein Beitrag zur einheitlichen Gestaltung der Harmonielehre. Wien, Selbstverl. d. Verf.

Max, G. Nouveau traité de composition musicale. Paris, Piquet.

Müller, Fr. C. Vereinfachte Harmonik. Regensburg, Coppenrath.

Paschinger, A. J. Kurzgefasste und vollständige theoretisch-praktische Harmonielehre. Wien, Rörich.

Paul, O. Lehrbuch der Harmonik. 2. Aufl. Leipzig, Breitkopf & Härtel.

Piel, P. Op. 64. Trattato di composizione, specialmente dedicato all'organista liturgico. Traduzione dal tedesco di G. Tebaldini. Düsseldorf, Schwann (Torino-Palermo, Clausen).

Prout, Ebenezer. Harmony: Its theory and practice. 7th Ed. London, Augener & Co.

—— Additional exercises to Harmony: Its theory and practice. Third Edition. London, Augener & Co.

Rahn, Bern. L'Harmonie popularisée. Paris, chez l'auteur: 22, rue Milton.

Richardson, M. J. Elements of Music, Harmony, & musical form. Edited by G. Riseley. London, Rivington.

Riemann, H. Katechismus der Fugen-Komposition. Teil 3. (Analyse v. J. S. Bach's „Kunst der Fuge".) Leipzig, Hesse.

— Vereinfachte Harmonielehre oder die Lehre von den tonalen Funktionen der Akkorde. London, Augener (1894).

Sambin, V. Petit traité d'instrumentation élémentaire. Paris, Lafleur.

Schubert, F. L. Der praktische Musikdirektor. 4. Aufl. bearb. v. C. Kipke. Leipzig, Merseburger, 1894.

—— A B C der Tonkunst. 4. Aufl. Leipzig, Merseburger.

Seydler, Th. u. Dost, Br. Material für den Unterricht in der Harmonielehre. Heft 1. 2. Aufl. Leipzig, Breitkopf & Härtel.

Vincent, H. J. Beitrag zur Vereinfachung und Erleichterung des Musikbetriebes. Wien, Rörich.

— Ist unsere Harmonielehre wirklich eine Teorie? Wien, Rörich.

Werner, R. Leitfaden der Musiklehre. Hannover, Meyer.

Wolff, L. A. H. Kurzgefasste allgemeine Musiklehre. Leipzig, Reclam jun.

Zimmer, Fr. Der praktische Gesangvereinsdirigent. 2. Aufl. Quedlinburg, Vieweg.

3*

Besondere Musiklehre. Gesang.

(Elementar- u. Chorgesang. Kunstgesang, Kirchengesang.)

Bach, Alb. B. The principles of singing. 2. Ed. London, Blackwood & Sons.

Bauer, Mich. Der Elementar-Gesangunterricht. 4. Aufl. Troppau, Buchholz & Diebel.

— Männer-Chorgesangschule. 4. Aufl. Wien, Manz.

Böhm, Jos. Praktische Elementar-Gesangschule. Heft 1. 2. 3. Wien, Rörich.

— Practischer Lehrgang für den Gesangunterricht auf Grundlage der Schreiblese-Singmethode. Wien, Rörich.

Bonuzzi, Ant. Metodo teorico-pratico di canto gregoriano. Solesmes, stamperia di S. Pietro, 1894.

Boyer d'Agen. Introduction aux mélodies grégoriennes. Paris-Poitiers, H. Oudin.

Castex, A. Hygiène de la voix parlée et chantée. Paris, Masson.

Duluc, Ch. Accompagnement du plainchant mis à la portée de tout le monde. Paris, Pérégally et Parvy.

Dunn, S. The art of singing. London, Fischer.

Engelhardt, Leonh. Organische Reformen in der Rede- und Gesangskunst. Berlin, Duncker.

Gill, W. H. Mechanical aids to sight-singing. London, Novello.

Grüssner, A. Der Volksschulgesang. 2. Aufl. Halle, Schroedel.

Grell, Fr. Gesanglehre für Volks- und Bürgerschulen. 1. Abteilung. Für die Hand des Lehrers. 2. umgearb. u. verm. Aufl. 2. Abteilung. Uebungsbuch für die Hand der Schüler. 4. unveränd. Aufl. München, Ackermann, 1894.

Habay, F. Unité de la voix. Méthode synthétique du chant et de la parole. Paris, Quantin.

Heine, G. Gesangschule für die unteren Klassen der Gymnasien. Münster, Bisping.

Heywood, John. The art of chanting. London, Clowes & Son.

Kalinowski, Jos. Erklärung katholischer Kirchenlieder, Responsorien und Psalmen. Deutsch-Krone, Garms.

Krause, Theod. Deutsche Singschule. Heft 2. 2. Aufl. Berlin, Gaertner.

Kretzschmar, Herm. Ueber den musikalischen Theil unserer Agende. Vortrag, auf der Meissner Konferenz am 25. Juli 1894 gehalten. Leipzig, Dörffling & Franke.

Leonesi, L. Le cause della decadenza dell'arte del canto e metodo per farlo risorgere. Bologna, Tedeschi.

Lipp, Joh. M. Gesangunterricht nach der analytisch-synthetischen Methode. Znaim, Fournier & Haberler.

Lootens, L. La théorie musicale du chant grégorien. Paris, Thorin.

Mitterer, J. Praktische Chorsingschule, insbes. zur Heranbildung tüchtiger Kirchenchöre. Regensburg, H. Pawelek.

Nigri, G. Metodo di canto corale ad uso delle scuole. Parte 1. 2. 3. Ed. Napoli, Chiurazzi.

Planck, M. Die natürliche Stimmung in der modernen Vokalmusik. Leipzig, Breitkopf & Härtel.

Ranke, Joh. Fr. Kleine Gesanglehre für Schüler der Volksschule. 4. Aufl. Elberfeld, Baedecker.

Reichardt, B. Die Kirchentonarten, mit Bezugnahme auf das sächsische Landeschoralbuch dargestellt. Leipzig, Klinkhardt.

Roller, Joh. Em. Chorgesangschule. Wien, Manz.

Schauerte, H. Musikalischer Commentar zum Missale Romanum. Paderborn, Junfermann.

Sefferi, O. Neue rationelle Gesangschule. Deutsche Ausgabe von A. v. Oettingen. Leipzig, Zimmermann.

Sieber, F. Katechismus der Gesangskunst. 5. verb. Aufl. Leipzig, Weber.

Steinhäuser, C. Treflschule als Vorbereitung des Chorgesangs. Langensalza, Beyer & Söhne.

Urban, Jul. Die Kunst des Gesanges . . . Ein Lehrbuch für den Gesangunterricht in höheren Bildungsanstalten. Praktischer Teil I. 4. Aufl. III. 7. Aufl. Berlin, Schultze & Vellhagen.

Weiss, G. Gottfr. Denkschrift zur Orientirung über den neuen Lehr- und Studienzweig Sing- und Sprech-Gymnastik. Berlin, Elsner.

Wennekamp, H. Gesangschule. Heft 2. Essen, Baedecker.

Besondere Musiklehre. Instrumente.

(Auch Instrumentenbau.)

Allihn, Max. Einiges über Harmoniumbau, Harmoniumspiel. Berlin, Simon, 1894.

Bartnowsky, P. Neue und leichte Schule für die Akkord-Zither. Leipzig, Zimmermann.

Bartnowsky, P. Neue und leichte Schule für Volks-Zither. Leipzig, Zimmermann.

Beyer, Ferd. Op. 101. Vorschule im Klavierspiel. Braunschweig, Litolff.

Bielfeld, Aug. Op. 174. Populäre Schule für Althorn. Bremen, Fischer.

— Op. 174. Populäre Schule für Tenorhorn. Bremen, Fischer.

— Op. 174. Populäre Schule für Trompete (Cornet à Piston od. Flügelhorn). Bremen, Fischer.

Bisetzka, M. A. Méthode de piano théorique et pratique. Paris, Dupont.

Bösche, K. u. Linnarz, Rob. Neue praktische Orgelschule. Teil 1. 2. Hannover, Lehne & Co.

Boyes, F. B. Das Jankó-Klavier in seiner vollkommenen Ausführung. Wien, Leipzig, Literar. Anstalt, A. Schulze.

Branzoli, Gius. Sunto storico dell'Intavolatura e metodo pratico per suonare il Liuto. Firenze-Roma, Venturini.

Clément, F. Méthode d'orgue, d'harmonie et d'accompagnement. Nouv. édit. Paris, Hachette.

David, Ferd. Violinschule. (Ausg. m. deutschem u. engl. Text, Ausg. m. deutschem u. französ. Text.) Theil 1. 2. Leipzig, Breitkopf & Härtel.

Decker-Schenk, J. Neue Schule... für Banjo. Leipzig, Zimmermann.

— Schule für die 6 saitige Mailänder Mandoline. Leipzig, Zimmermann.

Dont, Jac. Viola-Schule... hrsg. v. Heinrich Dessauer. Leipzig, Lenekart.

Edlinger, Alex. v.- Vollständig theoretisch-praktische Zither-Schule. 5. Aufl. Vollständig neu umgearb. v. J. Holzer. Bd. 1. Landshut, Krüll.

Fabre, A. Leçons et devoirs élémentaires de musique. 1. 2. Recueil. Paris, Leduc.

Hertel, Jul. Op. 124. Neuester theoretisch-praktischer Lehrgang für Concertina und Bandoneon. Leipzig-Reudnitz, Rühle.

— Schule u. Melodienbuch für Akkord-Zither. Leipzig, Merseburger.

Hohmann, Chr. H. A practical course of instruction for the Violin. (Méthode de Violon pratique. 5 Cah.) Köln, Tonger.

Jutzi, H. Zitherschule. Heft 1. 2. 3. Berlin, Bornemann.

Kietzer, Rob. Op. 92. Schule für Cornet (Es). Leipzig, Zimmermann.

Kling, H. Op. 473. Leicht fassliche praktische Schule für Guitarre. Hannover, Oertel.

— Op. 478. Leichtfassliche praktische Schule für Jagdhorn. Hannover, Oertel.

— Op. 476. Populäre Universal-Klavierschule. Hannover, Oertel.

Kling, H. Op. 472. Leichtfassliche, praktische Schule für Mandoline. Hannover, Oertel.

— Op. 425. Leichtfassliche praktische Schule für Oboe. Hannover, Oertel.

— Op. 479. Leichtfassliche, praktische Schule für Streich - Zither. Hannover, Oertel.

Knorr, Mich. Praktische Guitarreschule. Leipzig, Grude.

Kortschak, Joh. Praktische Elementar -Violinschule. Neue Ausg. 1. 2. Bd. Graz, Wagner.

Küffner, J. Oboe-Schule. Vollständig umgearb. Ausg. v. Fritz Volbach. Mainz, Schott.

Leonhardt, Em. Grosse Mandolinen-Schule (für die 8saitige Mandoline). Leipzig, Zimmermann.

Malat, J. u. Rauscher, Jul. Neue praktische Violinschule (böhm. Text). Heft 1 – 9. Prag, Urbanek.

Matteini, R. Brevi cenni sullo studio del Pianoforte e considerazioni sui programmi di magistro dei RR. Conservatori. Livorno, tip. ed. S. Belforte e C., 1894.

Mettenleiter, B. Op. 30. Das Harmoniumspiel in stufenweiser, gründlicher Anordnung. 1. Th. 4. Aufl. Kempten, Kösel.

Oberhoffer, H. Theoretisch-praktische Harmonium-Schule... neu bearb. u. bedeutend vermehrt v. A. Oberhoffer. Trier, Lintz.

Petit, Al. Nouvelle méthode de cornet à pistons. 1re 2e 3e Partie. Paris, Gaudet.

Pfundt, E. Paukenschule, neubearb. u. durch eine Schule der kleinen Trommel verm. v. Herm. Schmidt. 3. Aufl. Leipzig, Breitkopf & Härtel.

Pietzsch, Herm. Theoretisch - praktische Schule für Trompete (Cornet à Pistons). 1. 2. Bd. Braunschweig, Litolff.

Reinhard, Aug. Op. 45. Kleine Harmoniumschule. Berlin, Simon.

— Op. 16. Grosse Harmoniumschule. Berlin, Simon.

Ritter, Herm. Katechismus der Musikinstrumente. Dresden, Hertz.

Rosenkranz, Fr. Praktische Violin-Schule. Theil 1. Offenbach, André.

Schmitt, Hans. Ueber die Kunst des Anschlags. Wien, Doblinger.

Seele, O. Neue vollständige Xylophon - Schule. Leipzig, Zimmermann.

Soussmann, H. Grosse praktische Flötenschule ... für die ältere und neuere Flöte eingerichtet von Wilh. Popp. Th. 1. 2. 3. Bremen, Fischer.

Stark, Rob. Op. 49. Grosse theoret.-prakt. Klariuett-Schule. Teil I, Abt. 1. 2. Heilbronn, Schmidt.

Urbach, K. Neue Klavierschule. Magdeburg, Heinrichshofen.

Walbröl, J. Harmoniumschule mit beigefügter kurzer Harmonielehre. Stuttgart, christl. Verlagshaus.

Wohlfahrt, Rob. Op. 222. Neue Elementar-Klavierschule. Köln, Tonger.

Zabel, Alb. Ein Wort an die Herren Componisten über die praktische Verwendung der Harfe im Orchester. Leipzig, Zimmermann.

Aesthetik. Kritik. Akustik. Physiologisches, Paedagogisches.

Branzoli, Gius. Dell' udito. Schediasmi musicali. Roma, Tip. Poliglotta.

Brémont, L. Le théâtre et la poesie. Paris, Fischbacher.

Brett, H. Die Musik-Stadt Leipzig und August Güssbacher. (Deutscher und engl. Text.) Leipzig, C. F. Kahnt Nachf.

Caluci, E. Sulla genesi del senso musicale. Venezia, Ferrari.

Combarieu, J. Les Rapports de la musique et de la poésie, considérés au point de vue de l'expression. Paris, Alcan.

Cusack, J. Lectures on music. London, Book Depot.

Dreher, Eug. Grundzüge der Aesthetik der musikalischen Harmonie auf psycho-physiologischer Grundlage. (Sammlung pädagogischer Vorträge, VII. Bd. Heft 1.) Bielefeld, Helmich.

Dutczynski, A. J. Beurtheilung und Begriffsbildung der Zeit-Intervalle in Sprache, Vers u. Musik. Psycho-philos. Studie. Leipzig, Literar. Anstalt, A. Schulze.

Ferrari, G. M. L'idea nel bello musicale. Roma, Tip. delle Terme Diocleziane. (Rivista Italiana di Filosofia.)

Fleischer, Osc. Die Bedeutung der internationalen Musik- und Theater-Ausstellung in Wien für Kunst und Wissenschaft der Musik. (Universal-Bibl. für Musik-Litteratur, No. 6—7.) Zürich (Leipzig), internat. Verlags- und Kunst-Anstalt (1894).

Gerhard, C. Im Banne der Musik. Erzählung f. d. musikal. Jugend. Bd. 1. 2. München, Russell.

Goddard, Jos. Reflections upon musical art. London, Weekes & Co.

Hanslick, Ed. Du Beau dans la musique. Sec. édition française . . . par Charles Bannelier. Paris, Ph. Marquet et Cie.

Marr, R. A. Musical history as shown in the Vienna International Exhibition, 1892. London, Reeves.

Molmenti, P. Paradossi sulla musica. Venezia, Ferrari.

Murri, A. Sull' ordinamento delle bande musicali. Proposta. Roma, Tip. Elzeviriana.

Nasoni, A. Del carattere distintivo della musica ecclesiastica. Milano, Ghezzi.

Parkinson, Frank. Classical Music; how to understand it. London, Whittingham & Co.

Parry, C. H. H. The Art of Music. London, Trübner & Co.

Pudor, H. Die Aufgabe des deutschen Conservatoriums. 2. (Titel-) Aufl. Dresden, Damm.

Réglement du conservatoire national de musique et de déclamation. Paris, Delalain frères.

Regnard, A. Études d'esthétique scientifique. La renaissance du Drame lyrique (1600—1876). Paris, Fischbacher.

Ritter, Herm. Katechismus der Musik-Aesthetik. 2. Aufl. Dresden, Hertz.

— Ueber musikalische Erziehung. Dresden, Damm.

Rogers, Cl. K. Philosophy of Singing. Osgood, Mellvaine & Co.

Saint-Saëns, Cam. Problèmes et Mystères. Paris, Flammarion, 1894.

Samuel, Ad. L'Art libre et l'enseignement de la musique. Bruxelles, Hayez.

Schultz, Carl. Wohlklang. Zur Musikreform im Sinne verfeinerter Stimmung insbesondere der Tasteninstrumente. Berlin, bibliogr. Bureau, 1894.

Seydel, Martin. Arthur Schopenhauers Metaphysik der Musik. Inaugural-Dissertation. Leipzig, Breitkopf & Härtel, 1894.

Smend, Jul. Ueber den erziehlichen Wert der Hausmusik. Dortmund, Crüwell.

Spencer, E. Origine e funzione della musica. Traduzione di J. M. M. Trieste, Caprin.

Stolz, J. Katechismus der Akustik. Graz, Wagner.

T., A. Ueber die „sogenannte" moderne Richtung in den Künsten. Hamburg, Lacisz.

Ursini-Scuderi, S. Musicometro. Nota critica. Catania, Carabba, 1894.

Wolf, W. Gesammelte musikästhetische Aufsätze. Stuttgart, Grüninger, 1894.

Wolfrum, Ph. Rhythmisch! Eine hymnologische Streitschrift. Leipzig, Breitkopf & Härtel.

Vorstehende Bibliographie ist veranlasst worden durch das Fehlen einer die sämmtlichen Culturländer umfassenden Uebersicht über die neuen Erscheinungen der musikalischen Buch-Literatur. Die deutschen Publikationen anlangend, besitzen wir zwar seit Jahren durch die Hofmeister'schen und die Hinrichs'schen bekannten Verzeichnisse vortreffliche Zusammenstellungen des grössten Theils der theoretischen Musikliteratur. Allein das Material bezieht sich eben nur auf Deutschland und enthält nur die jeweilig von den Verlegern zur Anzeige eingesandten Werke. Die ausländischen hierher gehörigen Arbeiten aber blieben zumeist unbekannt, gingen also für die allgemeinen Interessen verloren. Das obige Verzeichniss sucht diesen Uebelständen abzuhelfen. Für die italienischen Werke wurden die Veröffentlichungen der Bibliografia italiana, für die französischen die der Bibliographie musicale française benutzt. Ausserdem wurden die in grösseren deutschen, englischen, französischen, belgischen und italienischen Musikzeitschriften vorhandenen bibliographischen Mittheilungen sorgfältig gesammelt und verwerthet. Das auf diese Weise aus etwa 30 Zeitschriften gewonnene Material bot zu den in genannten Bibliographien enthaltenen Angaben wichtige Ergänzung.

Musikbibliotheken

nach ihrem wesentlichsten Bestande aufgeführt

von

Emil Vogel.

Über die hauptsächlichsten Bestände der grösseren und kleineren Musikbibliotheken einen kurzen, zusammenfassenden Bericht zu geben, ist bisher nur in vereinzelten Fällen versucht worden. Die erste Anregung dazu scheint von den „Monats-heften für Musikgeschichte“ ausgegangen zu sein, die 1872 und in den folgenden Jahrgängen Mittheilungen über deutsche Musikbibliotheken lieferten. Nur selten aber sind diese Mit-theilungen auf Bibliotheken ausserhalb Deutschlands Grenzen ausgedehnt worden. Erst Grove's „Dictionary of Music and Musicians“ bot im II. und IV., 1880 und 1889 erschienenen Bande umfassenderen Stoff dar. Allein auch dieser behandelt, abgesehen von den englischen, nur einen kleinen Theil der Bibliotheken und weist also beträchtliche Lücken auf, die jedenfalls nur ein abgeschwächtes Bild der wirklichen Musik-bestände darbieten. Auch die hier folgenden Verzeichnisse können nicht den Anspruch erheben, ihre Aufgabe erschöpfend gelöst zu haben. Soweit aber eine relative Vollständigkeit überhaupt möglich, ist sie erstrebt worden. Die fortschreitende Erforschung der Musikzustände vergangener Zeiten wird in Zukunft noch manches Neue der Musikbibliographie zuführen und damit die nachstehenden Ergebnisse ergänzen.

Das hier gebotene Material, dessen grössten Theil der Herausgeber auf langjährigen Reisen durch eigene Anschauung kennen gelernt hat, bezieht sich auf Musik des 9.—19. Jahrhunderts; es behandelt besonders ausführlich die Periode des Anfanges der Mehrstimmigkeit (14. Jahrh.) bis auf die Gegenwart. Im Hinblick auf Gerbert's und Coussemaker's bekannte Sammlungen mittelalterlicher Musiktractate konnte auf eine nochmalige Fundortsangabe jener Abhandlungen verzichtet werden. Ebenso erschien es bei der Ueberfülle der lediglich liturgischen Zwecken dienenden Literatur rathsam, die Angabe derselben möglichst zu beschränken und nur in Ausnahmefällen zuzulassen. Neben einer Anzahl neuer Quellen für die Musik des 16.—18. Jahrhunderts werden hiermit werthvolle Handschriften älterer Zeit bekannt gegeben. Selbstverständlich ist auch dem vorhandenen gedruckten Katalog-Material eingehende Beachtung geschenkt worden.

Die meisten der hier verzeichneten Musikschätze sind Abtheilungen grösserer, allgemeinwissenschaftlicher Bibliotheken; einige Wenige, wie z. B. die Sammlungen der Conservatorien und Theater, sind selbständige Institute. An Zahl der vorhandenen Bücher und Musikalien steht jedenfalls die Bibliothek des Conservatoire zu Paris obenan. An inhaltlicher Bedeutung aber überragt alle ähnlichen Sammlungen, auch die des genannten Conservatoire, die Bibliothek des Liceo musicale zu Bologna. Erst in zweiter Linie folgen die grossen Musikabtheilungen der Bibliotheken in Berlin, München, Wien, London und Brüssel, darauf die in Venedig und Rom (Accad. di S. Cecilia). Für die frühesten Denkmäler praktischer Tonkunst, sowie für die ersten Anfänge mehrstimmiger Musik kommen besonders die Bibliothèque nationale zu Paris und die Vaticana zu Rom in Betracht. Die übrigen Sammlungen bieten zum grösseren Theile Ergänzungen zu den genannten Bibliotheken, zum kleineren Theile Materialien für specielle Literaturgebiete.

Deutsches Reich.

Ansbach, Regierungsbibliothek. Kleine, aber werthvolle Sammlung gedruckter geistlicher Vokalmusik aus dem 16. Jahrh. Werke von Morales, Guerrero, Monte, Kerle, Riccius, Meilandus, Uttendal und Sale. Ausserdem ein Plantindruck: Du Guncquier, Quatuor Missae, 1581. In handschriftl. Partituren sind Cavalli's „Pompeo" und Ziani's „l'Anibale in Capua" vorhanden.

Arnstadt, Kirchenbibliothek. Besitzt aus dem 16. Jahrh. einige Vokalmusik.

Augsburg, Stadtbibliothek. (Enthält seit einiger Zeit auch die ehemals im städtischen Archiv vorhandenen Musikalien.) Reichhaltig an Druckwerken praktischer Musik aus dem 16. und 17. Jahrh. — Vergl. Schletterer, Katalog der . . . zu Augsburg befindl. Musikwerke. (Beilage zu den Monatsheften f. Musikgesch.) Berlin 1878.

Augustusburg i. S., Pfarrkirche. Kleine Anzahl prakt. Musik des 16. und 17. Jahrh. Werke von Handl, Bodenschatz, Mich. Praetorius, Hammerschmidt &c.

Aurich, kgl. Staats-Archiv. Eine Liederhandschrift aus dem Anfange des 17. Jahrh. — Vergl. Monatshefte für Musikgeschichte 1874, S. 1. 1894, S. 158.

Bamberg, kgl. Bibliothek. Einige Handschriften mit Accentneumen aus dem 11., 12. und 13. Jahrh., ferner einige Musikdrucke aus der 2. Hälfte des 17. Jahrh.

Bautzen, Stadtbibliothek. Sammlung von Musikdrucken meist deutscher Meister des 16. und 17. Jahrh. Dazu einige Bände handschriftlicher Kompositionen (Vocalmusik und Lautentabulaturen) aus dem Anfange des 17. Jahrh.

Berlin, kgl. Bibliothek. Eine der grössten und schätzbarsten Musiksammlungen überhaupt. Werthvolle hymnologische Abtheilung, darunter ein Troparium aus der 1. Hälfte des 11. Jahrh. Aus dem 15. Jahrh. ein Liederbuch, dreistimmige Volksliederbearbeitungen enthaltend, aus dem folgenden Jahrh. eine Anzahl Orgeltabulaturbücher. Den Schwerpunkt der Sammlung bilden theoretische und practische Werke aus dem 16. — 19. Jahrh. Zahlreiche ältere Compositionen sind in modernen handschriftlichen Partituren vorhanden, so in der Sammlung C. v. Winterfeld's, des Grafen Voss und S. W. Dehn's. In Autographen besitzt die Bibliothek die kostbarsten, von keiner anderen Sammlung erreichten Schätze: Bach (wohltemperirtes Clavier, Matthäuspassion),

Gluck, Haydn (Symphonie in C, Es und D), Mozart (Zauberflöte, Jupiter-Symphonie, Clavierconzert Cmoll), Beethoven (Fidelio, 8. und 9. Symphonie, Skizzen- und Conversationsbücher), Weber (Freischütz-Partitur), Nicolai (Partitur der Oper „Die lustigen Weiber von Windsor) &c. Von Druckwerken des 16. und 17. Jahrh. ragen besonders die Werke italienischer Autoren hervor. Die frühesten Drucke mit beweglichen Metalltypen (Petrucci-Drucke) sind aus den Jahren 1502, 1504—05, 1507—08, 1514—16 in vollständigen Exemplaren vorhanden. Palestrina ist mit 57, Orlando di Lasso mit 52, Frescobaldi mit 11 verschiedenen Werken vertreten. Von ältesten Opern finden sich Caccini's „Euridice" (1600) und Gagliano's „Dafne" (1608). In der späteren Opernliteratur sind namentlich Keiser und Hasse durch eine bedeutende Anzahl ihrer Werke ausgezeichnet. Die hauptsächlichsten Vermehrungen erfuhr die Bibliothek durch die Nachlasse von Zelter, Berger, B. Klein, C. Loewe, ferner durch die Sammlungen von Poelschau (Autographe von Bach, theor. Schriften des 16. und 17. Jahrh.), durch die der Sing-Akademie (Bach-Autographe), durch die Sammlung von C. v. Winterfeld, von Fischhof (Beethoveniana), Landsberg (handschriftliche Partituren aus dem 17. und 18. Jahrh.) und von Otto Jahn (Mozartiana). — Vergl. Verzeichniss der in der musikal. Abtheilung der kgl. Bibl. in Berlin befindlichen Compositionen von Reinh. Keiser (Cäcilia, Bd. 23, S. 99 ff.), ferner Eitner, Joh. Ad. Hasse's Werke auf der kgl. Bibl. zu Berlin. (Monatshefte für Musikgeschichte 1879, S. 81 ff.)

Berlin, kgl. Hausbibliothek. Handschriftliche Musik aus der Zeit 1750 — 1830. Vorwiegend Kammermusik und historische Militärmusik. Von älteren Opern sind u. A. zwei vollständige Partituren von Gazzaniga vorhanden. — Vergl. Thouret, Katalog der Musik-Sammlung auf der kgl. Hausbibl. im Schlosse zu Berlin. Leipzig 1895.

Berlin, kgl. Hochschule für Musik. Enthält ausser der Schulbibliothek den Bücher- und Handschriften-Nachlass Ludwig Erk's und die Bibliothek Philipp Spitta's. Die Erk'sche Sammlung ist reich an handschriftlichen Aufzeichnungen und gedruckter Literatur bezüglich des Volksliedes (speciell des deutschen) und des Chorals. Stark vertreten ist auch das gedruckte kunstförmige Lied um 1800 (Reichardt, Zumsteeg, Corona Schröter &c.). In einer besonderen Abtheilung der Schulbibliothek werden einige seltene Drucke des 17. und 18. Jahrh. bewahrt: Marazzoli's „La Vita humana", Roma 1658, ältere Clavier- und Lautenmusik und endlich eine werthvolle Sammlung französischer Opernpartituren, durchweg in Drucken aus dem 18. Jahrh.

Berlin, kgl. Institut für Kirchenmusik. Der Hauptbestandtheil der Bibliothek besteht aus Manuscripten aus dem 18. Jahrh.

Berlin, Gymnasium zum grauen Kloster. Gedruckte Werke aus der
1. Hälfte des 17. Jahrh. — Vergl. Bellermann, Verzeichniss der grösstentheils von Sigismund Streit dem grauen Kloster geschenkten Musikalien.
(Schulprogramm) Berlin 1856.

Berlin, Joachimsthal'sches Gymnasium. Ist im Besitze der Musiksammlung der Prinzessin Anna Amalie, der Schwester Friedrichs des
Grossen. Ausser einer kleinen Anzahl theoretischer Bücher des 17. und
18. Jahrh. ist an practischer Musik vorzüglich das 18. Jahrh. in werthvollen Handschriften und Drucken vertreten. Hervorragend sind Bach's
Werke vorhanden, nicht allein in geschriebenen und gestochenen Ausgaben, sondern auch in Originalhandschriften des Autors. Die übrigen
Manuscripte enthalten Partituren von Palestrina, Oratorien von Caldara,
Händel, Leo und Vinci, Opern von Conti, Galuppi, Graun, Hasse,
Naumann &c. In gedruckten Ausgaben finden sich Werke von Corelli,
Couperin, Graun, Keiser, Kirnberger, Padre Martini u. A. Eine
besondere Abtheilung bilden die Opernpartituren aus dem ehemaligen
Besitze Spiker's. Es sind dies 11 Partituren von Auber, 10 von
Méhul, je 9 von Paisiello und Adam, je 7 von Gluck, Mozart und
Cherubini, je 4 von Piccini, Sacchini, Cimarosa und Salieri, endlich
von Weigl 3 Partituren. — Vergl. Eitner, Katalog der Musik-Sammlung
des Joachimsthal'schen Gymnasium zu Berlin. Berlin 1884. (Beilage
zu den Monatsheften für Musikgeschichte.)

Bonn, Beethoven - Haus. Sammlung von Beethoven - Compositionen in
älteren und neueren Ausgaben. — Vergl. den letzten Bericht vom
13. Jan. 1895: Satzungen des Vereins Beethoven-Haus in Bonn.

Brandenburg, Katharinenkirche. Kleine Anzahl von Musikdrucken
deutscher Componisten von 1564 — 1671. — Vergl. Taeglichsbeck,
Die musikalischen Schätze der St. Katharinenkirche zu Brandenburg
a. d. Havel. (Schulprogramm) Brandenburg 1857.

Breslau, Stadtbibliothek. Werthvolle, grosse Sammlung von practischen
Musikwerken in Handschriften und Drucken aus dem 16. und 17. Jahrh.
Vergl. Bohn, Bibliographie der Musik-Druckwerke bis 1700, welche in
der Stadtbibliothek, der Bibliothek des acad. Instituts für Kirchenmusik
und der kgl. Univ. Bibl. zu Breslau aufbewahrt werden. Berlin 1883.
Desgl. Bohn, Die musikalischen Handschriften des 16. und 17. Jahrh.
in der Stadtbibl. zu Breslau. Breslau 1890.

Breslau, Institut für Kirchenmusik. Enthält ausser einigen theoretischen
Werken hauptsächlich Vocalmusik aus dem 16. und 17. Jahrh. —
Vergl. Katalog Bohn (Breslau Stadtbibliothek).

Breslau, Universitäts-Bibliothek. Eine Anzahl gedruckter theoretischer Schriften, eine ziemlich reichhaltige Sammlung liturgischer Werke und einige Vokalmusik aus dem 16. und 17. Jahrh. — Vergl. Katalog Bohn (Breslau, Stadtbibliothek).

Brieg, Gymnasialbibliothek. Vorzugsweise deutsche Musikdrucke des 16. und 17. Jahrh. Seit einiger Zeit befinden sich dieselben in der Breslauer Stadtbibliothek.

Cassel, kgl. Hoftheater. Besitzt vornehmlich Opernpartituren, zumeist von Componisten des laufenden Jahrh. Von Autographen u. A. die Partituren von Spohr's „Jessonda", von Marschner's „Templer und Jüdin" und „Hans Heiling".

Cassel, ständische Landesbibliothek. Eine zwar nicht grosse, aber vortrefflich ausgewählte Sammlung von Werken aus dem Ende des 16. und der ersten Hälfte des 17. Jahrh. in Handschriften und Drucken, hauptsächlich Kirchen- und Kammermusik deutscher und italienischer Componisten. Reich ist besonders Heinrich Schütz vertreten. Von seiner Hand geschrieben befinden sich hier: „Die 7 Worte unseres lieben Erlösers und Seligmachers Jesu Christi" und eine Composition seines Lehrers Gio. Gabrieli (Udite chiari Tritoni). — Vergl. Israel, Uebersichtlicher Catalog der Musikalien der ständischen Landesbibl. zu Cassel. Cassel 1881.

Celle, Kirchen- und Ministerialbibliothek. Musikdrucke aus der ersten Hälfte des 16. Jahrh. (1539—1564), zumeist von italienischen Componisten. Drucke von Hieronymo Scoto bilden neben einigen Antwerpener Drucken die Mehrzahl. Sie enthalten u. A. Werke von Jachet, Willaert, Paolo Aretino, Mich. Varoti, Scaffen, Morales, Paolo Ragazzo, Schiavetti, Gio. Dom. de Nola, Gombert und Orl. di Lasso (Lib. 15 ecclesiasticarum cantionum, Antw. 1560).

Crayn bei Liegnitz, Bibliothek. Enthält einige Drucke aus dem 17. Jahrh. Von Seltenheiten sind erwähnenswerth Tenor und Bassus von Frescobaldi's Erstlingswerke, dem Primo libro de' Madrigali, Anversa 1608 und Rossi's „Erminia sul Giordano", Roma 1637.

Danzig, Marienkirche. Kleine Sammlung geistlicher Musik, zumeist in Drucken aus der 2. Hälfte des 17. Jahrh.

Danzig, Stadtbibliothek. Werthvolle Drucke deutscher und italienischer Componisten aus dem 16. Jahrh. und dem Anfange des folgenden. — Ein handschriftlicher Katalog, von S. W. Dehn angefertigt, befindet sich in der Musikabtheilung der kgl. Bibl. in Berlin.

Darmstadt, grossherzogliche Bibliothek. Ausser einigen liturgischen Codices aus dem 10.—15. Jahrh. und einer kleinen Anzahl von Werken

italienischer und deutscher Componisten aus dem 16. und 17. Jahrh.,
ist hauptsächlich handschriftliche Opernliteratur des 18. Jahrh. vorhanden. — Vergl. (Walther,) Die Musikalien der grossherzogl. Hofbibl.
in Darmstadt. Darmstadt 1874. Desgl. Monatshefte für Musikgeschichte
1888, S. 64 ff., S. 118 ff.

Donaueschingen, fürstlich Fürstenbergische Hofbibliothek. Ist reich an
liturgischen Werken aus dem 14.—18. Jahrh. — Vergl. Barack, Die
Handschriften der fürstl. Fürstenbergischen Hofbibliothek. Tübingen 1865.

Dresden, kgl. öffentliche Bibliothek. Enthält eine Sammlung älterer
Theoretiker (Gaffurius, Folianus, Vicentino, Salinas, Galileo, Zarlino &c.),
eine kleine, aber theilweis sehr werthvolle Anzahl gedruckter Musik aus
dem 16. und 17. Jahrh. und endlich einen reichen Bestand geistlicher
und weltlicher Musik aus dem 18. Jahrh. (Bedeutend namentlich in
Opernpartituren von Lully und Hasse.) — Vergl. Eitner und Kade,
Katalog der Musik-Sammlung der kgl. öffentlichen Bibl. zu Dresden.
(Beilage zu den Monatsheften für Musikgeschichte.) Leipzig 1890.

Dresden, kgl. Privatmusikalien-Sammlung. Ausserordentlich werthvoller
Bestand an Oratorien, Opern, Operntheilen und Instrumentalmusik
(besonders Violinliteratur) des 18. Jahrh. Dazu einige Drucke aus
dem 16. und 17. Jahrh. und eine über 1200 Nummern umfassende
Textbücher-Sammlung vom Ende des 17. Jahrh. bis etwa 1840. Unter
der grossen Menge von Autographen das Kyrie und Gloria der H moll-
Messe von Bach in 21 Stimmen (von Bach und dessen Gattin geschrieben)
mit beiliegendem Dedicationsbriefe des Componisten an August III.
(Leipzig, 27. Juli 1733). Ferner Autographe von Caldara, Schürer,
Hasse, Naumann, Quantz, Pisendel, Schubert, Weber (Partitur der
Euryanthe und der Jubelouverture), Morlacchi, Spohr, Hauptmann und
Rietz (Concert-Ouverture). Eine beträchtliche Vermehrung erfuhr die
Bibliothek durch eine Anzahl ihr zugeführter handschriftlicher Musikalien
aus der fürstl. Sammlung in Oels, bestehend zumeist aus Partituren von
Opern aus der 2. Hälfte des 18. Jahrh., sämmtlich in deutscher Text-
bearbeitung (Galuppi, Paisiello, Hasse, Dittersdorf &c.). — Vergl.
Monatsh. für Musikgeschichte, 1872, S. 14 ff.

Dresden, kgl. Hauptstaatsarchiv. Enthält einige Handschriften und
Drucke deutscher Componisten aus den Jahren 1604—1610. — Vergl.
Monatshefte für Musikgeschichte 1888, S. 59.

Dresden, Archiv der kath. Hofkirche. Sammlung von etwa 2000 Nummern
Kirchenmusik, zum grössten Theil aus der 2. Hälfte des 18. und aus
dem 19. Jahrh. Autographe u. A. von Schürer und Naumann.

Dresden, Drei Königskirche. Einige Druckwerke aus dem 16. u. 17. Jahrh.,
darunter Discant u. Tenor v. Joh. Walther's Wittenberg. Gesangbuch (1524).

Dresden, Tonkünstlerverein. Die Bibliothek umfasst etwa 2500 Nummern, ist reichhaltig an Instrumentalmusik aus dem 18. und 19. Jahrh.

Dresden, Privatsammlung des Freiherrn von Weber. Bedeutend in Weber-Autographen: Partituren des 2. Klavier-Concerts in Es (Op. 32), der Jubelmesse (No. 2, G dur), des Clarinett-Concerts in F moll (op. 73) und der Oper „Preciosa". Ferner Entwürfe zu „Oberon" und „Die drei Pintos".

Eichstaett i. B., kgl. Bibliothek. Ausser einigen Attaignant-Drucken von 1529—31, älteste Klavierliteratur enthaltend, besonders Werke aus dem 17. und 18. Jahrh. — Vergl. Monatsh. f. Musikgeschichte 1870, S. 122.

Elbing, Marienkirche. Musikdruckwerke und einige Handschriften, zumeist aus der 2. Hälfte des 16. und dem folgenden Jahrh. Dazu einige polnische Cantionale von 1571 — 1792. — Vergl. Döring, Die musikalischen Erscheinungen in Elbing. Elbing 1868.

Frankfurt a. M., Gymnasialbibliothek. Geistliche Vocalwerke aus dem 17., theilweise auch aus dem 16. Jahrh. — Vergl. Israël, Die musikalischen Schätze der Gymnasialbibliothek und der Peterskirche zu Frankfurt a. M., Frankfurt a. M. 1872.

Frankfurt a. M., Peterskirche. Kleine Sammlung von Vocalmusik aus dem 16. und 17. Jahrh. — Vergl. Katalog Israël (Frankfurt, Gymnasialbibliothek).

Freiberg i. S., Gymnasialbibliothek. Theoretische und practische (meist geistliche) Musik des 16. und 17. Jahrh. Unter den Handschriften ein Autograph Rogier Michael's. — Vergl. Kade, Die älteren Musikalien der Stadt Freiberg i. S. (Beilage zu den Monatsheften für Musikgeschichte.) Leipzig 1888.

Gelenau i. S., Pfarrkirche. Einige Vocalwerke deutscher Componisten aus der 2. Hälfte des 17. Jahrh.

Gotha, herzogliche Bibliothek. Seltene, gedruckte theoretische Werke aus dem 16. Jahrh., einige Compositionen aus dem 17. und etwa 70 hymnologische Werke des 16. und 17. Jahrh.

Göttingen, Universitäts-Bibliothek. Sammlung gedruckter theoretischer Werke aus dem 16. und 17. Jahrh. und aus derselben Zeit gedruckte Compositionen meist deutscher Meister. — Vergl. Quantz, Die Musikwerke der kgl. Univ. Bibl. in Göttingen. (Beilage zu den Monatsheften für Musikgeschichte.) Berlin 1883.

Grimma, kgl. Landesschule. Eine Anzahl gedruckter Vocalmusik aus dem 16. und 17. Jahrh. — Vergl. Petersen, Verzeichniss der in der Bibl. der kgl. Landesschule zu Grimma vorhandenen Musikalien. (Schulprogramm.) Grimma 1861.

Güstrow, Domschule. Enthält einige gedruckte Werke meist deutscher Componisten aus der 2. Hälfte des 16. und aus dem 17. Jahrh. — Vergl. Programm der Domschule zu Güstrow. Güstrow 1865.

Halle, Marienkirche. Kleine Sammlung meist deutscher Vocalmusik aus dem 17. Jahrh. Dazu einige Drucke aus dem 16. Jahrh. — Vergl. Monatshefte für Musikgeschichte 1894, S. 42.

Halle, Waisenhausbibliothek. Vorwiegend practische Musik aus dem 18. Jahrh. Das 16. und 17. ist nur in wenigen Werken vertreten. Die Buch-Literatur besteht aus einigen theoretischen Schriften des 17. und 18. Jahrh., sowie aus einer bedeutenden hymnologischen Sammlung. — Vergl. Monatshefte für Musikgeschichte 1893, S. 119.

Hamburg, Stadtbibliothek. Neben einer Sammlung gedruckter theoretischer Schriften des 16. und 17. Jahrh. sind von practischer Musik 112 Werke aus dem 16., 263 Werke aus dem 17. Jahrh. vorhanden. Italienische Meister sind vorwiegend vertreten. Den werthvollsten Bestand an Musikalien aus dem 18. Jahrh. bilden 80 Bände Händel'scher Werke, zum Theil Handexemplare des Autors, Verbesserungen und Vermerke von Händel's Hand enthaltend. Für die Geschichte der Hamburger Oper findet sich eine reichhaltige Sammlung von Textbüchern.

Hamburg, Tonkünstlerverein. Die Vereinsbibliothek enthält eine Sammlung practischer, meist moderner Musik.

Hannover, kgl. öffentliche Bibliothek. Enthält einige Druckwerke älterer Theoretiker (Burtio, Musices opusculum, 1487 — Folcani, Musica theorica, 1529 &c.), einige gedruckte Musikalien aus dem 16. und 17. Jahrh. (darunter Partituren der Madrigale des Principe di Venosa, Genova 1613 und des Dom. Mazzocchi, Roma 1638) und 7 Bände Theaterzettel von 1785—1796.

Hannover, Kestner-Museum. Sammlung von Volksliedern und Textbüchern, Letztere von 1686 anfangend.

Heilbronn, Gymnasialbibliothek. Werthvolle Werke gedruckter practischer Musik des 16. und zum Theil auch des 17. Jahrh. Dazu einige Handschriften aus dem 16. Jahrh. und eine kleine Anzahl theoretischer Werke. — Vergl. Mayser, Alter Musikschatz (Mittheilungen aus der Bibl. des Heilbronner Gymnasiums.) Heilbronn 1893.

Helmstedt, Gymnasialbibliothek. Einige wenige practische Musikwerke, meist deutscher Componisten aus dem Anfange des 17. Jahrh. und eine nicht unbedeutende Sammlung gedruckter theoretischer Schriften aus dem 16. und 17. Jahrh.

4*

Helmstedt, Stephanikirche. Musikdrucke aus dem 17. Jahrh., fast nur von deutschen Meistern. Mit einer grösseren Anzahl ihrer Werke sind Mich. Praetorius, Joh. Herm. Schein und Hammerschmidt vertreten.

Jena, Universitäts-Bibliothek. Die Musikabtheilung birgt Schätze von hervorragendem Werthe: Von handschriftlicher Musik, ausser einer Anzahl werthvoller Missalien und Antiphonarien, die berühmte Minnesängerhandschrift aus dem 14. — 15. Jahrh., ferner die Meistergesänge Valentin Voigt's und eine Reihe mehrstimmiger Musik aus dem Ende des 15. Jahrh. Die Druckwerke enthalten zum Theil theoretische Schriften aus der Zeit von ca. 1490 — 1550, zum andern Theil seltene practische Musik aus der I. Hälfte des 16. Jahrh. Erwähnt seien nur die Liederbücher von Forster und Ott (1539 und 1544), ferner Werke von Morales, Jachet, Willaert, Resinarius, Gombert, Rore und Arcadelt. Das 17. Jahrh. ist weniger vertreten. Unter den theoretischen Werken bewahrt die Bibliothek eine grosse Seltenheit in Sylvestro di Ganassi's „Opera intitulata Fontegara" (Venetia 1535). — Vergl. Nachricht von alten Musikalien auf der Jenaischen Univ.-Bibl. (Allgem. musikal. Zeitung. Leipzig 1828, S. 761, 777, 833, 845.)

Kamenz, Rathsbibliothek. Sammlung alter Choralbücher und geistlicher Vocalmusik meist deutscher Componisten aus dem 17. Jahrh. — Vergl. den gedruckten Katalog im Serapeum 1853, S. 382.

Karlsruhe, grossherzogliche Hof- und Landesbibliothek. Fragment eines Graduals mit Accentneumen aus dem 12. Jahrh., einige Musiktractate aus dem späteren Mittelalter und eine bedeutende Sammlung hymnologischer Werke des 16. und 17. Jahrh. — Vergl. Ehrensberger, Bibliotheca liturgica manuscripta. Karlsruhe 1889.

Koeln, Stadtbibliothek. Eine Pergamenthandschrift aus dem 12. Jahrh. (Musica enchiriadis), eine kleine Anzahl gedruckter theoretischer Schriften des 16. und 17. Jahrh., sowie einige wenige Venetianer- und Antwerpener-Musikdrucke aus der 2. Hälfte des 16. Jahrh.

Königsberg i. Pr, kgl. und Universitäts-Bibliothek. Den hauptsächlichsten Musikbestand dieser Bibliothek bildet die Gotthold'sche Sammlung, sie umfasst etwa 55000 Bände, ist hervorragend in Werken für Hymnologie und Vocalmusik des 16. — 19. Jahrh. Von Joh. Stobaeus sind 298, von Zumsteeg 21, vom Abt Vogler 24 Nummern vorhanden. Besonders stark sind Drucke aus der Zeit von 1770 — 1820 vertreten. Die Sammlung wurde fortgeführt etwa bis 1840. — Vergl. Mueller, Die musikal. Schätze der kgl. und Univ.-Bibl. zu Königsberg i. Pr. Bonn 1870.

Leipzig, Musikbibliothek Peters. Bestand Ende 1894: 10000 Werke, wovon 4000 theoretische und 6000 praktische. Die theoretische Literatur ist durch die wichtigsten Druckwerke vom Ende des 15.—19. Jahrh. vertreten, die praktische vornehmlich durch moderne Werke, von den Klassikern angefangen. Den hervorragendsten Bestand bilden die grossen Partituren der Orchesterwerke, der Oratorien und Opern, sowie endlich eine Sammlung Erstlingsdrucke von Beethoven und den Romantikern. — Vergl. Katalog der Musikbibliothek Peters. Leipzig 1894.

Leipzig, Stadtbibliothek. Das älteste, Musik betreffende Denkmal dieser Bibliothek ist eine Pergamenthandschrift aus dem 10. Jahrh. Dieselbe enthält eine theoretische Abhandlung nebst Tonarium (mit Strichneumen) des Regino von Prüm und ist wahrscheinlich ein Autograph. Die eigentliche Musikabtheilung bildet die Sammlung des Organisten C. F. Becker. Sie ist bedeutend für theoretische und liturgische Literatur. Die Bücher und Schriften über Musik belaufen sich auf etwa 2500 Nummern (aus der Zeit von 1496 bis zur Gegenwart), während die Choralsammlungen durch über 550 Bände vertreten sind. Von gedruckten practischen Werken des 16. und 17. Jahrh. ist eine kleine aber vortreffliche Auswahl namentlich deutscher und italienischer Componisten vorhanden. Das 18. Jahrh. ist durch handschriftliche (und theilweise auch gedruckte) Opernpartituren ausgezeichnet. In grösserer Anzahl finden sich Opern von Hasse, Rameau, Salieri &c. — Vergl. Becker, Alphabetisch und chronologisch geordnetes Verzeichniss einer Sammlung von musikalischen Schriften. Leipzig 1843. Desgl. Führer durch die musikalische Welt. Leipzig 1868, S. 31 ff.

Leipzig, Universitäts-Bibliothek. Enthält eine kleine Sammlung theoretischer Schriften (Stap, Faber, Praspergius, Nachtgall, Gaffurius &c.), 2 Opernpartituren der Prinzessin Maria Antonia („Il Trionfo della fedeltà" und „Talestri") und eine Anzahl Textbücher von 1662 — ca. 1836, zumeist von Aufführungen in Hannover und Dresden.

Liegnitz, Ritter-Akademie. Vorwiegend Vocalmusik deutscher und italienischer Componisten aus der Zeit von 1550—1650, darunter viele Seltenheiten. In Handschriften ist besonders Vocalmusik aus der 1. Hälfte des 17. Jahrh. vorhanden. — Vergl. Pfudel, Mittheilungen über die Bibliotheca Rudolfina der kgl. Ritter-Akademie zu Liegnitz. (Schulprogramme.) Liegnitz 1876, 77, 78. Desgl. Pfudel, Die Musik-Handschriften der kgl. Ritter-Akademie zu Liegnitz. (Beilage zu den Monatsheften für Musikgeschichte.) Leipzig 1886.

Löbau, Rathsbibliothek. Vocalmusik meist deutscher Meister aus dem 16. und 17. Jahrh. in gedruckten Stimmbüchern. — Seit einiger Zeit werden diese Musikalien in der kgl. öffentl. Bibl. zu Dresden bewahrt.

Lübeck, Stadtbibliothek. Ausser einer Anzahl Gradualien, Missalien &c. aus dem 12. — 16. Jahrh. enthält die Bibliothek handschriftliche, geistliche Vocalmusik aus dem 16. — 18. Jahrh., ferner eine gewählte Sammlung von Notendrucken aus dem 16. — 19. Jahrh. und eine Anzahl Orgeltabulaturen, Letztere zum Theil mit handschriftlichen Vermerken von D. Buxtehude. Unter den Notendrucken des 16. Jahrh. finden sich manche Seltenheiten. — Vergl. Stiehl, Katalog der Musik-Sammlung auf der Stadtbibl. zu Lübeck. Lübeck (1893).

Lüneburg, Stadtbibliothek. Handschriftliche, geistliche Vocalmusik aus dem 17. — 19. Jahrh. und beträchtliche Literatur für Orgelmusik. Aus dem 17. Jahrh. namentlich Werke von Praetorius, Scheidemann, Schildt, Weckmann &c. Von Druckwerken einige theoretische Schriften, sowie ferner das erste Buch einer (wahrscheinlich 1538) in Lyon von Jacques Moderne gedruckten Sammlung „Parangon des Chansons". Vergl. Monatshefte für Musikgeschichte. 1873, S. 63.

Maihingen bei Nördlingen, fürstlich Oettingen-Wallerstein'sche Bibliothek. Enthält 120 gedruckte theoretische Werke und ca. 1700 Nummern practischer Musik. Unter den theoretischen Schriften einige Seltenheiten wie Spechtshart 1488, Keinspeck 1498, Cochens 1516 &c. Von practischer Musik sind bemerkenswerth einige seltene Drucke aus dem 16. Jahrh. Erwähnt seien nur: Genet, Liber primus missarum (Avenioni, Joh. de Channay 1532), Morales, Missarum libri duo (Lugduni, Modernus 1546) und vom selben Autor Mariae Cantica vulgo Magnificat dicta (Lugduni, Modernus 1550), endlich Tabulaturbücher von Paix (1583) und Schmid (1607).

Mainz, Stadtbibliothek. Ausser einem Codex aus dem 10. Jahrh. sind besonders theoretische Werke des 16. 18. Jahrh. vorhanden, dazu einige Vocalmusik in gedruckten Stimmheften aus der Zeit um 1600. — Vergl. Monatshefte für Musikgeschichte 1889, S. 25 ff.

Marburg, Privatsammlung des Herrn Prof. Wagener. Sammlung von Drucken und Handschriften aus dem 17. und 18. Jahrh., insbesondere Instrumentalmusik enthaltend. — Vergl. Monatshefte für Musikgeschichte 1883, S. 31.

München, Administration des kgl. Vermögens. Bewahrt die Original-Partituren der meisten Werke Rich. Wagner's: Liebesverbot, Die Feen, Rienzi, Der fliegende Holländer (Ouverture und Entwurf zum 1. Acte), Huldigungs-Marsch, Meistersinger, Walküre, Siegfried (Entwurf zum 3. Act) und Götterdämmerung (Vorspiel und Entwürfe für Act 1, 2 und 3).

München, Frauenkirche. Einige Musikdrucke aus dem 17. Jahrh., sowie eine handschriftliche Sammlung von Chorbüchern aus der Zeit um 1600. Letztere enthalten zumeist Messen und Magnificat-Compositionen von Orlando und Rudolfo di Lasso, Jac. Reiner, Gio. Croce, Praetorius, J. C. Kerl, Gine. Perlazio, Seraph. Cantone, u. A.

München, Hof- und Staatsbibliothek. Eine der werthvollsten und grössten Sammlungen, insbesondere für Musik des 16. Jahrh. Die Bibliothek bewahrt aus dem 9. Jahrh. ein geistliches Schauspiel mit Neumen („Die Anbetung der drei Könige"), ferner eine Anzahl liturgischer Codices vom 10. Jahrh. an. Vorwiegend vorhanden sind Handschriften practischer Musik vom Ende des 15. bis zum Ende des 17. Jahrh. Aus dieser Zeit etwa 6500 Manuscripte, zumeist aus dem 16. Jahrh. Hervorragende Bedeutung unter den handschriftlichen Schätzen besitzen die Chorbücher der bayerischen Hofkapelle unter Ludwig Senfl, Orlando di Lasso, J. C. Kerl, Gius. Antonio und Gius. Ercole Bernabei. Stark vertreten sind namentlich Werke von Josquin, Heinr. Isaak, Ludw. Senfl, Orlando di Lasso (511 Werke) und von deutschen und französischen Liedcomponisten. Obwohl die Vocalmusik bei Weitem überwiegt, ist die Instrumentalmusik nicht unvertreten, speziell die Literatur für Orgel- und Lauten-Musik enthält manche Kostbarkeiten (Buxheimer Orgelbuch). Ausserordentliche Schätze finden sich auch unter den Musikdrucken: Die bedeutendste Sammlung von Werken aus Petrucci's Officin, ferner Oeglin-Drucke und Vocalmusik italienischer Componisten aus dem 16. Jahrh., vorzüglich Arcadelt, Verdelot, Marenzio, Monte, Rore, Ruffo, Wert und Lasso. Von Prachtstücken seien erwähnt die Busspsalmen Orlando di Lasso's mit Miniaturen von Hans Mülich, von Autographen u. A. die von Haydn, Mozart (3 Sopran-Arien) und von Spontini (Partitur der „Olympie"). — Vergl. Maier, Die musikalischen Handschriften der k. Hof- und Staatsbibl. in München. München 1879.

München, Universitäts-Bibliothek. Neben einigen Drucken aus der 1. Hälfte des 16. Jahrh. ein Glarean-Autograph, bestehend in einem Sammelbande von Compositionen Obrecht's, Josquin's, Senfl's &c. Das Vorwort ist datirt: Basilea 1527.

Münster, Bibliothek der Domkirche. Hier befindet sich, leider ungeordnet und ziemlich defect, die lange Zeit für verloren gehaltene Sammlung Santini's. Sie besteht aus handschriftlicher und gedruckter Vocalmusik aus dem 16.—18. Jahrh. — Vergl. Catalogo della Musica esistente presso Fortunato Santini in Roma. Roma 1820. Desgl. Stassoff, L'Abbé Santini et sa collection musicale à Rome. Florence 1854.

Neisse, Kreuzheiligen-Stift. Einige Musikdrucke aus dem Ende des 16. Jahrh.

Nürnberg, Germanisches Museum. In erster Linie für liturgische Literatur bedeutend: Neben einigen Missalien und Antiphonarien aus dem 12. und 13. Jahrh., eine Sammlung seltener Gesangbücher aus dem 16. Jahrh. Aus letzterer Zeit auch einige werthvolle theoretische und practische Werke (meist Nürnberger Drucke), endlich eine Anzahl Lautentabulatur-Bücher: Gintzler, Newsidler, Jobin, Bianchini, Milanese und Perino.

Nürnberg, Stadtbibliothek. Von practischen Musikwerken eine kleine Anzahl Nürnberger Drucke aus der 2. Hälfte des 17. Jahrh., eine Reihe theoretischer Schriften und eine Anzahl Theaterzettel aus der Zeit von 1779—1788.

Pirna, Stadtkirche. Eine kleine Sammlung gedruckter Compositionen aus dem 16. und 17. Jahrh. und acht handschriftliche Foliobände aus der Mitte des 16. Jahrh., zumeist Werke deutscher Componisten enthaltend, bilden den hauptsächlichsten Musikbestand. Unter den handschriftlichen Werken befindet sich eine 6stimmige, von Ant. Scandellus componirte Messe auf den (1553 erfolgten) Tod des Churfürsten Moritz von Sachsen. Seit einiger Zeit befinden sich diese Musikalien in der kgl. öffentl. Bibl. zu Dresden. — Vergl. Kade, Die Musikalien der Stadtkirche in Pirna. (Serapeum. Leipzig 1857.)

Quedlinburg, Stadtbibliothek. Einige liturgische Codices. An practischer Musik vom Jahre 1567: „Missa super Vide Domine afflictionem nostram, durch Joh. Praetorium, Orgelmacher und Organisten aus der alten Stadt Magdeburg." — Vergl. Codices manuscripti Quedlinburgenses . . . cura M. Tob. Eckhardi. Quedlbg. 1723.

Regensburg, bischöfliche Bibliothek. Vereinigt in ihrer Musikabtheilung die Bücher- und Musikaliensammlungen Proske's, Mettenleiter's und F. X. Witt's. Ausser einem handschriftlichen Bestande von etwa 1000 Nummern aus dem 13.—17. Jahrh. sind ca. 2000 Nummern Druckwerke vom Ende des 15.—17. Jahrh. vorhanden. Der Rest betrifft das 18. und 19. Jahrh. Besonders reichhaltig sind italienische und deutsche Vocalcomponisten vertreten, nicht minder auch theoretische Schriften. Als Seltenheiten dürfen einige Oeglin-Drucke, sowie eine theoretische Abhandlung von Tinctoris gelten.

Regensburg, Privatsammlung des Herrn Dr. Haberl. Eine Auswahl der wichtigeren, gedruckten theoretischen Werke aus dem 16.—19. Jahrh., besonders reichhaltig für Bibliographie, Geschichte und Monographie, ferner eine Sammlung von ca. 600 Nummern gedruckter practischer Musik des 16. und 17. Jahrh., zum Theil aus dem Collegium germanicum in Rom stammend. Hervorragend sind Palestrina- und Orlando di Lasso-Ausgaben vertreten. Von handschriftlichen Schätzen enthält die

Bibliothek eine Anzahl von Baini in Partitur gebrachter Compositionen Palestrina's (etwa ein Drittel der gesammten Werke), des Weiteren unedirte Autographe Padre Martini's und Mattei's, 10 Chorbücher (aus dem Hospital S. Spirito in Rom) mit bisher unbekannten Werken von Paolo Papino (einem Zeitgenossen Palestrina's), eine Sammlung von Oratorien-, Opern- und Instrumentalmusik aus dem 18. Jahrh. und endlich ca. 1000, vom Besitzer selbst spartirte ältere Werke.

Regensburg, fürstlich Thurn und Taxis'sche Hofbibliothek. Besitzt einige Musikdrucke aus dem Ende des 16. und dem Anfange des 17. Jahrh., 4 Bände handschriftlicher Orgeltabulaturen und einige Magnificat - Compositionen von Aichinger in einem Manuscript etwa aus dem Jahre 1610.

Regensburg, kgl. Kreisbibliothek. Missalien und Tractate aus dem späteren Mittelalter, sowie eine kleine Anzahl theoretischer und practischer Werke des 16. Jahrh. Unter Letzteren Senfl's Liber selectarum Cantionum (Aug. 1520). — Vergl. Gmeiner, Kurze Beschreibung der Hs. in der Stadtbibl. Regensburg. Ingolstadt 1791.

Rostock, Universitäts-Bibliothek. In ihrer Musikabtheilung befindet sich eine zwar kleine, aber nicht unbedeutende Sammlung von Compositionen des 16. Jahrh., namentlich Venetianer und Lyoneser Drucke von Joh. de Castro, Chamatero, Corneti, Mayo und Gio. Dom. da Nola. In grösserer Anzahl sind Cantaten, Opern- und Oratorientheile, sowie auch Kammermusik aus dem 17. und 18. Jahrh. vorhanden.

Schwarzenberg i. S., Kirchenbibliothek. Einige deutsche Vocalwerke aus dem 17. Jahrh.

Schwerin, Regierungsbibliothek. Vorwiegend Vocal- und Instrumentalmusik aus dem 18. und 19. Jahrh. Von Seltenheiten sind zu erwähnen verschiedene Werke von R. Keiser und die Oper „Heinrich der Löwe" von Agost. Steffani (1689). — Vergl. Kade, Die Musikalien-Sammlung des grossherzoglich Mecklenburg - Schweriner Fürstenhauses aus den letzten 2 Jahrhunderten. 2 Bde. Schwerin 1893.

Schwerin, Privatbibliothek des Herrn Prof. O. Kade. Enthält seltene Drucke aus dem 16. und 17. Jahrh. Ausser einer nahezu vollständigen Sammlung von Compositionen des Wittenberger Buchdruckers G. Rhaw, Werke von Isaak, Resinarius, Joh. Walther, Le Maistre, Utendal, Casp. Hasler und Hammerschmidt.

Sondershausen, Schlosskirche. Handschriftliche Musikalien aus dem 18. Jahrh., zumeist geistliche und weltliche Cantaten und Arien.

Stolberg a. H., gräfliche Bibliothek. Reiche Sammlung von Leichenpredigten, darunter viele auf Musiker des 16. und 17. Jahrh. — Vergl. Monatshefte für Musikgeschichte 1871, S. 24 ff. 1876, S. 1 ff.

Stuttgart, kgl. öffentliche Bibliothek. Ausser einigen gedruckten Compositionen des 16. und 17. Jahrh. sind hymnologische Werke, sowie gedruckte und handschriftliche Opernpartituren des 17. und 18. Jahrh. vorhanden. Besonders vertreten sind ältere französische Opern. (Lully, Destouches u. A.) Unter den Seltenheiten Capricornus' Zwey Lieder von dem Leyden u. Tode Jesu (Nürnberg o. J.) und Steigleder's Tabulaturbuch (Stuttgart 1624).

Stuttgart, kgl. Hoftheater. Ist bemerkenswerth durch Opernpartituren des 18. und 19. Jahrh. Stark vertreten sind namentlich Galuppi, Jommelli, Hasse, Sacchini &c.

Thorn, Gymnasialbibliothek. Kleine Sammlung meist theoretischer Schriften des 16. Jahrh. — Vergl. den gedruckten Katalog im Schulprogramm, Thorn 1871.

Ulm, Stadtbibliothek. Enthält gedruckte Vocalmusik, besonders aus der 2. Hälfte des 16. und dem Anfange des 17. Jahrh.

Weimar, grossherzogliche Bibliothek. Der Musikbestand umfasst ca. 800 Nummern, von denen das Meiste dem 18. und 19. Jahrh. angehört. Das werthvollste, die Musik-Literatur angehende Manuscript ist eine aus dem 14. Jahrh. stammende Papierhandschrift mit Meistergesängen. Aus dem Jahre 1704 ist ein Orgel-Tabulaturbuch vorhanden. Von werthvollen Autographen besitzt die Bibliothek u. A. das Finale des 2. Akts von Gluck's „Orfeo ed Euridice".

Weimar, Liszt-Museum. Grosse Anzahl von Liszt-Autographen, darunter fast sämmtliche symphonische Dichtungen, die Faust-Symphonie und „Les Béatitudes".

Wernigerode a. H., fürstlich Stolberg'sche Bibliothek. Reichhaltig an Werken für Hymnologie. Das wichtigste, Musik betreffende Denkmal dieser Bibliothek ist das Lochamer (Locheimer) Liederbuch, eine Handschrift aus der Mitte des 15. Jahrh., die bedeutendste Sammlung ein- und mehrstimmiger deutscher Lieder. Aus dem 16. und 17. Jahrh. sind einige theoretische und practische Musikwerke, besonders deutscher Autoren, vorhanden. Wegen seines biographischen Werthes ist endlich der ausserordentlich grosse Bestand an Leichensermonen zu erwähnen, der sich vielfach auf Musiker des 16. und 17. Jahrh. bezieht. — Vergl. Förstemann, Die gräfl. Stolbergische Bibl. zu Wernigerode. Nordhausen 1866. Desgl. Allgem. Mus. Zeitung. Leipzig 1868, S. 247. — Eine Reproduction des Liederbuches findet sich im II. Bande der Chrysander'schen Jahrbücher, Leipzig 1867. Siehe auch Monatshefte für Musikgeschichte 1872, S. 233 ff. Ebendort auch 1875, S. 171 ff. über Leichensermone auf Musiker.

Wiesbaden, kgl. Landesbibliothek. Enthält einige mittelalterliche Handschriften mit Neumen aus dem 12.—14. Jahrh. — Vergl. Monatshefte für Musikgeschichte 1888, S. 48.

Wolfenbüttel, herzogliche Bibliothek. Werthvolle Sammlung practischer und theoretischer Musikwerke aus dem 15.—18. Jahrh. Der handschriftliche Theil enthält einige mit Miniaturen geschmückte Codices aus dem Ende des 15. Jahrh. (mehrstimmige Compositionen von Pipelare, Josquin, Pierre de Larue &c.), ferner Werke aus dem 16. und 17. und vorwiegend aus dem 18. Jahrh. Vocal- und Instrumentalmusik sind fast in gleicher Stärke vorhanden. Nicht unbeträchtlich ist auch die Opernliteratur vertreten. Sie enthält u. A. vollständige Partituren von G. Bononcini (2), Caldara (1), Graun (17) und Hasse (7). In reicher Anzahl sind ferner Druckwerke des 16. und 17. Jahrh. vorhanden, namentlich theoretische Schriften, Vocalmusik und Literatur für Laute. Orlando di Lasso, Mich. Praetorius und Heinr. Schütz sind durch viele ihrer Werke ausgezeichnet, Schütz übrigens durch einige Handexemplare. Von besonderen Seltenheiten sind zu erwähnen drei Petrucci-Drucke, darunter das einzige bekannte vollständige Exemplar der Motetti libro quarto vom Jahre 1505 (dasselbe Werk befindet sich nur noch in der Wiener Hofbibl., es fehlt dort aber die Tenorstimme), ferner 8 Bücher Chansons von Jennequin (1537—40), die Opera intitulata Fontegara von Ganassi (Venetia 1535) und desselben Autors Lettione seconda (Venetia 1543), endlich die Obras de Musica von Cabeçon (Madrid 1578). Vergl. für die Musikhandschriften des 15. Jahrh. O. von Heinemann, Die Handschriften der herzogl. Bibl. zu Wolfenbüttel. (Die Helmstedter Handschriften.) Wolfenbüttel 1884—88. Für die des 16., 17. und 18. Jahrh., sowie für die Musik-Druckwerke des 16. bis Ende des 18. Jahrh.: E.Vogel, Die Handschriften nebst den älteren Druckwerken der Musik-Abtheilung der herzogl. Bibl. zu Wolfenbüttel. Wolfenbüttel 1890.

Würzburg, bischöfliches Ordinariat. Kleine Sammlung gedruckter geistlicher Compositionen aus dem Ende des 17. und dem Anfange des 18. Jahrh.

Würzburg, kgl. Musikschule. Enthält Opern- und Oratorienpartituren, sowie Kammermusikwerke in Handschriften und Drucken aus dem 18. und 19. Jahrh. Von älteren Opern- und Oratoriencompositionen sind u. A. Anfossi, Bernasconi, Caldara, Ferradini, Gugliemi, Hasse Jommelli, Lotti, Paisiello und Wasmuth vertreten.

Würzburg, Universitäts-Bibliothek. Liturgische Codices aus dem 12., 13. und 14. Jahrh., theilweis mit Accentneumen, ferner eine Anzahl gedruckter theoretischer Schriften (von 1497 an), einige wenige, doch

seltene Pariser Drucke von le Roy (darunter Les Odes de P. de
Ronsard, comp. von Pierre Cleveau, 1575) und einige Opernpartituren
aus dem Ende des 17. Jahrh. (Bern. Pasquini's „L. Endosia" 1692,
Gio. Porta's „Il Sogno di Scipione" mit eigenhändiger Dedication des
Componisten.)

Zittau, Stadtbibliothek. Enthält sieben Missalien, das älteste aus dem
Jahre 1435, ferner zehn geschriebene Bände geistlicher Vocalmusik von
Werken aus dem 17. Jahrh. und eine kleine Anzahl gedruckter, meist
deutscher Compositionen des 16. und 17. Jahrh. Dazu einige Ausgaben
von Gesangbüchern der böhmischen Brüdergemeinde. Unter den gedruckten Werken ist besonders Hammerschmidt reich vertreten.

Zwickau, Rathsschulbibliothek. Werthvolle Sammlung handschriftlicher
und gedruckter Musikwerke, sowie theoretischer Schriften von vorzugsweise deutschen Autoren des 16. und 17. Jahrh., zum Theil von grosser
Seltenheit. Die handschriftlichen Musikalien beginnen mit dem Jahre
1531, sie veranschaulichen die wesentlichsten Charakterzüge der Entwicklung deutscher Musik im 16. Jahrh. Reich an Seltenheiten ist
auch die hymnologische Abtheilung. Sie beginnt mit 1497 und schliesst
mit 1819. — Ein vom Musikdirector Vollhardt verfasster Katalog
befindet sich im Druck und wird wahrscheinlich noch im Jahre 1895
beendet werden. (Beilagen zu den Monatsheften für Musikgeschichte
1893—95.)

Oesterreich-Ungarn.

Vergl. Internationale Ausstellung für Musik- und Theaterwesen,
Fach-Katalog der musikhistorischen Abtheilung von Deutschland und
Oesterreich-Ungarn, Wien 1892.

Bartfeld in Steiermark, Pfarrkirche St. Egid. Kleine Sammlung gedruckter Vocalwerke aus der 2. Hälfte des 16. und dem Anfange des
17. Jahrh.

Eisenstadt in Ungarn, fürstlich Esterhazy'sche Bibliothek. Vorwiegend
handschriftliche Musik des 18. und 19. Jahrh., enthaltend Instrumental-
werke, eine Anzahl Messen aus der Zeit von 1770 bis ca. 1830 (von

Jos. Haydn, Heidenreich, Vanhal, Cartelieri, Vogler) und endlich eine
grosse Menge von Opern, besonders von italienischen, theilweise von
deutschen Componisten. Letztere sind namentlich durch Jos. und
Mich. Haydn, sowie auch durch Dittersdorf vertreten. Von Opern
italienischer Componisten finden sich zahlreiche Partituren von
Galuppi, Jommelli, Bernasconi, Sarti, Piccini, Anfossi, Paisiello,
Gazzaniga, Martini, Cimarosa, Salieri und Zingarelli. Nur vereinzelt
kommt die französische Oper durch Philidor, Monsigny und Grétry
zur Geltung. Unter den Autographen viele Werke von Jos. Haydn:
3 Symphonien (H dur, Fis moll und A dur), 3 Streichquartette (G moll,
Es dur, C dur) u. A.

Göttweig, Musik-Archiv der Stiftsbibliothek. Enthält 2 Handschriften
von Meistergesängen aus dem 16. Jahrh., darunter das Autograph von
Thomas Stromair's „Gesangbuch teutscher Meistergesang" (aus 1577—78),
ferner eine Sammlung Orgelstücke von Cl. Merulo in einer Handschrift
aus dem Jahre 1567.

Graz, Universitäts-Bibliothek. Einige gedruckte theoretische Schriften,
darunter ein Exemplar von Glarean's „Dodekachordon" mit werthvollen
Randbemerkungen und Verbesserungen im Text und in den Noten-
beispielen.

Innsbruck, Universitäts-Bibliothek. Eine Handschrift mit zweistimmigen
Compositionen aus dem 14. Jahrh. und eine Reihe theoretischer Abhandlungen. Letztere in einem Manuscript aus dem Jahre 1460, sowie
in einigen Drucken: Virdung, Gafurius, Miquel de Fuenllana (Libro
de Musica, Sevilla 1554) und Fabio Colonna (La Sambuca, Napoli
1618) u. A. Die unter Wien (k. k. Ministerium für Cultus und
Unterricht) citirten 6 Tridentiner Codices werden wahrscheinlich nach
Innsbruck überwiesen und hier dauernd bewahrt werden.

Klagenfurt, Geschichtsverein. Von Bedeutung 2 handschriftliche
Lautenbücher aus dem 16. Jahrh.

Klosternenburg, Augustiner Chorherrnstift. Liturgische Codices aus
dem 13., 14. und 15. Jahrh., sowie einige Drucke practischer Musik
aus dem 16. Jahrh. Unter Letzteren 2 prächtige Foliobände, enthaltend
G. de la Hele's Octo Missae (Antwerpen 1578) und Fil. de Monte's
Missa ad modulum „Benedicta es" (Antwerpen 1579).

Krakau, Musikverein. Die Vereinsbibliothek besteht hauptsächlich aus
moderner Literatur. Sie enthält u. A. Autographe und Handschriften
polnischer Componisten.

Krakau, Universitäts-Bibliothek. Besitzt Tractate von Hucbald und Berno in einer Pergamenthandschrift aus dem Jahre 1211, ferner einige gedruckte theoretische Werke aus dem 16. und 17. Jahrh. (Seb. Felstinensis' „Opusculum musices" in einer Ausgabe ohne Ort und Jahr und Cracoviae 1525.) In der Abtheilung für Liturgie u. A. ein Missale Cracoviense (Moguntiae, P. Schoeffer, 1487). Druckwerke practischer Musik des 16. und 17. Jahrh. sind zwar nur in geringer Zahl, aber doch in einigen Seltenheiten vorhanden: Theatrum musicum longe amplissimum (Lovanii, P. Phalesius, 1571), Gorczyn's Tabulatura muzyki (Kraków 1647) &c. Aus dem 18. und 19. Jahrh. einige Autographe und Handschriften polnischer Componisten. — Vergl. Wislocki, Catalogus Codicum manuscript. bibl. universitatis Jag. Cracoviensis. Cracov. 1877—81.

Kremsmünster, Stiftsbibliothek. Enthält ausser einem Legendarium aus dem 11. Jahrh. (mit Strichnenmen) einige gedruckte theoretische Schriften vom 16.- 19. Jahrh. und aus derselben Zeit eine Sammlung meist handschriftlicher practischer Musik. Das 18. Jahrh. ist vorwiegend vertreten. Etwa 1000 Nummern Messen, 300 Symphonien und eine Anzahl Opernpartituren (zumeist aus dem 18. Jahrh.) bilden den hauptsächlichsten Besitzstand. — Vergl. Huemer, Die Pflege der Musik im Stifte Kremsmünster. Wels, 1877. S. 111 ff.

Laibach, fürstlich Auersperg'sches Archiv. Für die monodische Gesangsliteratur, sowie für Tanzmusik aus der Mitte des 17. Jahrh. ist bemerkenswerth ein hier befindliches Druckwerk „Primavera di vaghi fiori musicali" von Francesco Boccella (Ancona 1653). — Vergl. Vogel, Bibliothek der gedruckten weltlichen Vocalmusik Italiens, Berlin 1892, Bd. II. S. 579.

Laibach, k. k. Lyccalbibliothek. Ein Graduale in einer Handschrift aus dem 14. Jahrh. und eine kleine Sammlung von Musikdrucken des 16. und 17. Jahrh.

Laibach, Studienbibliothek. Einige gedruckte geistliche Vocalwerke aus der Zeit um 1600, darunter Palestrina's Missarum . . . liber sec. (Rom, Mutio, 1590).

Melk, Stiftsbibliothek. Liturgische Codices aus dem 13. und 14. Jahrh., eine Sammlung Messen in einer Handschrift aus dem 16. Jahrh. und im Druck (resp. Stich) Lasso's Missae posthumae (München 1610), sowie Muffat's Apparatus mus. organ. vom Jahre 1690. Der Messenband enthält u. A. Compositionen von Orl. di Lasso, Ant. Scandellus und Georg Florius.

Olmütz, Studienbibliothek. Enthält Gradualien aus dem 13. und 14. Jahrh. und einige gedruckte Musikwerke aus der Zeit um 1600. Erwähnenswerth sind Schmid's Tabulaturbuch (1607) und Gio. Gabrieli's Canzoni e Sonate (Venetia 1615).

Prag, Bibliothek des Domcapitels. Sammlung geistlicher Compositionen aus dem Ende des 16. und dem Anfange des 17. Jahrh., darunter ein Plantin-Druck vom Jahre 1587, enthaltend Phil. de Monte's „Liber Missarum". In einem typographisch kostbaren Foliobande: Messen von Luython (Prag, Nic. Straus, 1609 ff.).

Prag, Fürst Georg Lobkowitz, Privatbibliothek. Handschriftliche Gradualien und Antiphonarien aus dem 15. und 16. Jahrh., zum Theil mit Miniaturen. Unter den Druckwerken einige seltene Gesangbücher der böhmisch-mährischen Brüder und eine Anzahl Wiener Textbücher aus dem 17. Jahrh. Bemerkenswerth ausserdem ein Lautentabulaturwerk (von Nic. Schmall von Lebendorf) aus dem Jahre 1613.

Prag, Graf Erwin Nostitz-Rieneck, Privatbibliothek. Neben einigen Musikdrucken des 16. und 17. Jahrh. befinden sich hier zwei Seltenheiten ersten Ranges: Frottole intabulate da sonare Organi, libro primo . . . '(Rome, Andrea Antico de Montona 1517) und Canzoni, Frottole & capitoli da diuersi Eccellentissimi Musici . . . Rome, Valerius Dorich, 1531. — Das zuletzt angeführte Werk ist beschrieben in Vogel's Bibliothek der gedruckten Vocalmusik Italiens, Bd. II. S. 378.

Prag-Strahov, Stiftsbibliothek. Kleine Sammlung meist geistlicher Compositionen aus dem Ende des 16. und dem Anfange des 17. Jahrh. Mit mehreren Werken sind u. A. vertreten Steph. Felis, Jac. Regnard und Jac. Rainer.

Prag, St. Thomas. Von geringer Bedeutung, doch immerhin bemerkenswerth durch den Besitz von Uberti's „Contrasto Musico" (Roma 1630).

Prag, Universitäts-Bibliothek. Der Musik betreffende handschriftliche Bestand umfasst einige theoretische Abhandlungen aus dem 11. und und 15. Jahrh., altböhmische Lieder aus dem 14. und 15. Jahrh. und 2 Prager Osterspiele aus dem 15. und 16. Jahrh. Die Druckwerke enthalten zum Theil theoretische Schriften aus dem 16. und 17. Jahrh. und zum andern Theil practische Musik aus dem Anfange des 17. Jahrh., speciell Literatur für einstimmigen Kunstgesang. Die Lautenmusik ist durch Werke von Caroso, Negri und Schmid (1607) vertreten.

Raudnitz bei Leitmeritz, Fürst Lobkowitz, Privatbibliothek. Ein Rituale in einer Pergamenthandschrift aus der Zeit um 1500 und ein theoretisches Werk von Gaffurius: Musice utriusque cantus practica (Brixiae 1497).

Renn in Steiermark, Cistercienserstift. Ausser einigen Druckwerken aus dem Anfange des 17. Jahrh. eine leider unvollständige, handschriftliche Sammlung von Jacob Vaet's „Motetta sacra & profana . . . in laudem . . . domus Austriacae".

Saaz, Kapuzinerconvent. Geistliche und weltliche Gesänge von Lassus, Scandellus, Joach. a Burck und 2 Bücher der „Corona delle Napolitane" (1571 und 72).

Salzburg, Benedictinerabtei St. Peter. Reichhaltig an Werken für Kirchenmusik, zumeist aus der 2. Hälfte des 18. und der 1. Hälfte des 19. Jahrh.

Salzburg, Dombibliothek. Handschriftliche Partituren aus der 1. Hälfte des 17. Jahrh. Werke von Vittoria, Palestrina, Sartorius, Megerle u. A.

Salzburg, Mozarteum. Sammlung von Compositionen Mozart's in älteren und neueren Ausgaben.

Salzburg, Museum Carolino-Augusteum. Besitzt die Partitur der 1628 zur Einweihung des Salzburger Domes componirten 54 stimmigen Messe von Orazio Benevoli.

St. Florian, Stiftsbibliothek. Werthvolle Sammlung liturgischer Codices (mit Neumen) vom 11. Jahrh. an. — Vergl. Czerny, Die Handschriften der Stiftsbibliothek St. Florian. Linz 1871.

St. Paul in Kärnten, Benedictinerstift. Enthält Tractate von Huchald (10 Jahrh.) und Joh. de Muris (1394), sowie eine kostbare Handschrift Troubadourlieder aus dem 13. Jahrh.

Wien, Gesellschaft der Musikfreunde. Für Musik des 18. und 19. Jahrh. eine der reichhaltigsten Sammlungen. Hervorragend in Oratorien, sowie in Werken für Gesang und Klavier. Der handschriftliche Theil allein umfasst etwa 11000 Nummern, vornehmlich aus dem 18. Jahrh. Aus dem 16., 17. und dem Anfange des 18. Jahrh. ist ein beträchtlicher Bestand gedruckter, meist geistlicher und weltlicher Vocalwerke und einige Literatur für Laute vorhanden. Von Seltenheiten u. A. Judenkunig's Lautenbuch (Wien 1523), Tudino's Madrigali a note bianche (Ven. 1554) und Carissimi's Sacri concerti (Roma 1675). Unter den gedruckten Musikalien aus dem Ende des 18. und der ersten Hälfte des 19. Jahrh. finden sich zahlreiche Erstlingsausgaben, besonders von Werken der Klassiker. Die Autographe belaufen sich auf etwa 500 Nummern. Die bedeutendsten Schätze betreffen Händel, Gluck, Haydn (10 Gebote und 6 Streichquartette), Mozart (Pianoforte-Concert aus D moll und Cantate für ein Fest in der Freimaurer-Loge), Beethoven (1. Violinconcert in C dur, 1. Theil der Sonate op. 81, Skizzen zur Egmontouvertüre, desgl. zum „Fidelio" und zu einer Composition von Goethe's „Erlkönig", erste Partiturabschrift der von Beethoven revidirten und verbesserten „Eroica"), endlich Schubert (C dur-Symphonie, 2 Messen und einige Singspiele).

Wien, k. k. Hofbibliothek. Eine der werthvollsten Sammlungen für fast alle Zweige musikalischer Literatur. Theoretische Abhandlungen sind vom 10.—16. Jahrh. in handschriftlichen, vom Ausgange des 15.—19. Jahrh. in gedruckten Werken zahlreich vorhanden. Die practische Musik reicht bis zum 14. Jahrh. zurück. Die ältesten hierher gehörigen Handschriften (aus dem 14. und dem ersten Drittel des 15. Jahrh. stammend) enthalten deutsche Minnesängerlieder von Heinr. Frauenlob und von Oswald von Wolkenstein. Aus dem Ende des 15. Jahrh. finden sich Chorbücher mit handschriftlichen Compositionen von Agricola, P. de Larue, Barbireau, Josquin, de Orto, Mouton, Brumel &c. Von den beiden folgenden Jahrhunderten, in denen die gedruckten Werke die Mehrzahl bilden, ist namentlich das 16. Jahrh. durch eine Menge Seltenheiten ausgezeichnet. Erwähnt seien nur die zahlreichen Petrucci-Drucke, die Werke deutscher Componisten aus der 1. Hälfte des 16. Jahrh. (Paul Hofheimer, Ludw. Senfl, Sixt Dietrich), die deutschen und italienischen Lautentabulaturen und der überaus kostbare Bestand an italienischer Madrigalliteratur. Einzelne Componisten sind besonders stark vertreten, so namentlich Genet, Gombert, Berchem, Aichinger, G. Muffat und Capricornus. Aus der 2. Hälfte des 17. und des ganzen 18. Jahrh. sind neben geistlicher Vocalmusik viele Opernpartituren vorhanden, so von Cavalli, Bertali, Cesti, Zinni, Draghi, Stradella, Fux, Caldara, Jommelli, Piccini, Paisiello &c. Unter den vielen Autographen: Haydn (Theresienmesse, Bdur) und Mozart (Missa solemnis, Cdur und Theile aus dem Requiem). — Vergl. Endlicher: Catalogus codicum philologicorum latinorum bibl. pal. Vindob. Vindobonae 1836, Kandler: Wien's musikal. Kunst-Schätze (Allgem. musikal. Zeitung, Leipzig 1826. S. 497 ff.), von Mosel: Geschichte der k. k. Hofbibl. (Wien 1835, S. 845 ff.), Anton Schmid: Ott. dei Petrucci (Wien 1845) und desselben Beiträge zur Lit. und Geschichte der Tonkunst (Dehn's Caecilia 1842—44), endlich K. v. Bruyck: Die ital. Tonkunst vom 16.—19. Jahrh. und die Manuscripte der Wiener Hofbibl. (Tonhalle 1868, S. 451 ff. 1869, S. 4 ff.)

Wien, Landesarchiv. Einige Wiener Musikdrucke aus der Zeit um 1600: Bl. Ammon, Missae 4 voc. 1588 u. A.

Wien, k. k. Ministerium für Cultus und Unterricht. Bewahrt (bis auf Weiteres) die 6 Tridentiner Codices, über die zuerst Dr. F. X. Haberl in seiner Dufay-Studie berichtete. Die Codices enthalten den bedeutendsten Schatz altniederländischer und altenglischer mehrstimmiger Musik des 15. Jahrh. — Vergl. Vierteljahrsschrift für Musikwissenschaft 1885, S. 483 ff.

Wien, Minoriten-Convent. Handschriftliche und gedruckte Orgelmusik des 17. und 18. Jahrh., darunter 3 Werke von Frescobaldi und Gio. Batt. Fasolo's Anweisung für Organisten: Anuale che contiene tutto quello che deve far un organista, Ven. Aless. Vincenti 1645. Von Vocalmusik u. A. die gedruckten Partituren der 6 Bücher fünfstimmiger Madrigale vom Principe di Venosa (Genova 1613).

Wien, Privatsammlung des Herrn Aug. Artaria. Bedeutendster Privatschatz von Beethoven-Autographen: Letzter Satz der 9. Symphonie, Ouverture „Die Weihe des Hauses", Musik zu Goethe's Egmont, 3 Sätze aus der Missa solemnis, Streich- und Clavier-Quartette, Clavier-Trios, Claviersonaten und zahlreiche Lieder. — Vergl. Nottebohm-Adler, Verzeichniss der musikalischen Autographe von Ludw. v. Beethoven . . . im Besitze von A. Artaria in Wien. Wien 1890.

Wien, Privatsammlung des Herrn Nic. Dumba. Enthält zahlreiche Schubert-Autographe: 2 Opernpartituren („Des Teufels Lustschloss" und „Fierrabras"), 3 Messen, eine Anzahl Psalmen, Partitur der Symphonie in Ddur (No. 1), sowie der unvollendeten in H moll, ferner Arien, Cantaten, Clavierstücke, sowie etliche Lieder (u. A. „Gretchen am Spinnrade" und „Des Mädchens Klage").

Wien, Schottenkloster. Kleine Sammlung von handschriftlichen und gedruckten Compositionen des 16. Jahrh. Unter den gedruckten Werken einige von Orl. di Lasso.

Wien, Universitäts-Bibliothek. Enthält eine Anzahl gedruckter theoretischer Schriften des 16. und 17. Jahrh. und einige Lautenbücher: Judenkunig, Ochsenkhun, Caroso und Denss.

Schweiz.

Basel, Universitäts-Bibliothek. Alte Musiktractate in Handschriften vom 13 — 16. Jahrh., einige gedruckte theoretische Schriften und eine Anzahl handschriftlicher sowie gedruckter Compositionen aus dem 16. und 17. Jahrh. Unter den älteren Handschriften practischer Musik finden sich Messen und Motetten von Josquin, H. Isaac u. A. Für die Geschichte der Orgelmusik enthält die Bibliothek werthvolle Schätze, in erster Linie das Orgel-Fundamentbuch des Hans von Constantz aus der 1. Hälfte des 16. Jahrh., ferner verschiedene Bände Orgeltabulaturen, darunter eine Handschrift aus dem Besitze von Bonif. Amerbach (1513 ff.). Die früheste gedruckte Vocalmusik ist in einer ausserordentlich werthvollen und seltenen Sammlung vom Jahre 1510 vertreten: Canzoni nove... Roma, Antiquo de Montona. — Vergl. Richter, Katalog der Musik-Sammlung auf der Universitäts-Bibl. in Basel. (Beilage zu den Monatsheften für Musikgeschichte.) Leipzig 1892. Für das Orgel-Fundamentbuch s. Vierteljahrsschrift für Musikwissenschaft 1889, S. 1 ff. Vergl. auch Monatshefte für Musikgeschichte 1889, S. 141; 1891, S. 71.

Bern, Stadtbibliothek. Enthält mittelalterliche Missalien und Tractate. — Vergl. Hagen, Catalogus Codicum Bernensium. Bernae 1875.

Einsiedeln, Klosterbibliothek. Eine der wichtigsten Sammlungen für mittelalterliche Musik. Handschriften musikalischer Tractate aus dem 10.—14. und dem Anfange des 15. Jahrh. — Vergl. Coussemaker: Scriptores de Musica medii aevi ... Tom. 3. Parisiis 1869, Schubiger: Die Sängerschule von St. Gallen, Einsiedeln 1858, und gleichfalls Schubiger: Die Pflege des Kirchengesanges und der Kirchenmusik in der deutschen katholischen Schweiz, Einsiedeln 1873.

Frauenfeld, Thurgauische Kantonsbibliothek. Einige Musikdrucke aus dem 16. und dem Anfange des 17. Jahrh., darunter: Amphion sacré, Lyon 1615.

Genf, Bibliothèque de la Ville. Missalien aus dem 10., 14. und 15. Jahrh. — Vergl. Senebier, Catalogue raisonné des Manuscrits conservés dans la bibl. de la ville de Genève. Genève 1779.

Lancy bei Genf, Privatbibliothek des Herrn G. Becker. Seltene Drucke theoretischer und practischer Musikwerke des 16., 17. und 18. Jahrh. — Vergl. Monatshefte für Musikgeschichte 1872, S. 55 ff. 1876, S. 155. 1877, S. 4 ff. 1878, S. 100 ff. S. 161 ff. 1879, S. 61. 1880, S. 13. 1881 S. 161.

St. Gallen, Stiftsbibliothek. Reichste Sammlung für mittelalterliche Musik, enthält in einer Handschrift aus dem 8.—9. Jahrh. das älteste Denkmal notirter Musik, das Antiphonar von St. Gallen. — Vergl. Schubiger: Die Sängerschule von St. Gallen, Einsiedeln 1858. Lambillotte: Antiphonaire de Saint Grégoire, fac-simile du manuscrit de Saint-Galle, Paris 1851. Paléographie musicale ... par les Bénédictins de Solesmes (tom. I, 57 ff.) Solesmes 1889.

Zürich, Kantonal-Bibliothek. Liturgische Codices aus dem 11., 13. und 14. Jahrh., zum Theil mit Accentneumen.

Zürich, Stadtbibliothek. Enthält u. A. einige handschriftliche, für die Geschichte des Orgelspiels wichtige Abhandlungen nebst einer Anzahl von Orgelstücken aus der 1. Hälfte des 16. Jahrh. — Vergl. W. Nagel, Fundamentum Authore Joh. Buchnero. (Monatshefte für Musikgeschichte 1891, S. 71 ff.)

5*

Italien.

Vergl. Vogel, Bibliothek der gedruckten weltlichen Vocalmusik Italiens aus
den Jahren 1500—1700. 2 Bände. Berlin 1892. — Berwin und Hirschfeld,
Fach-Katalog der Abtheilung des Königreiches Italien.
(Internationale Ausstellung für Musik und Theaterwesen.) Wien 1892.

Arezzo, Biblioteca comunale. Liturgische Codices aus dem 11., 12. und
15. Jahrh.

Bergamo, Bibliotheca civica. Der hauptsächlichste Theil der Musik-
sammlung stammt aus der Hinterlassenschaft Joh. Sim. Mayr's. Enthält
einige Petrucci-Ausgaben, eine Anzahl gedruckter Madrigalwerke des
16. und 17. Jahrh. und zum grössten Theile handschriftliche Vocal-
und Instrumentalmusik des 18. Jahrh. Unter den Autographen 11 Bände
Jugendcompositionen Donizetti's.

Bologna, Biblioteca dell' Accademia filarmonica. Neben einigen Druckwerken meist italienischer Componisten aus dem 17. Jahrh. eine
bedeutende Sammlung von Autographen. — Vergl. Catalogo della
collezione d'autografi lasciata alla R. Accademia filarmonica di Bologna
dall' accademico M. Massoangeli. Bologna 1881. (Druck noch nicht
abgeschlossen.)

Bologna, Biblioteca dell' Università. Besitzt von Musik nur Manuscripte:
Ein Missale aus dem 11. Jahrh., eine werthvolle Sammlung mehrstimmiger, geistlicher Compositionen aus dem 15. Jahrh., einen starken
Band einstimmiger geistlicher Madrigale (etwa aus dem Jahre 1630)
und 2 Opernpartituren von Aless. Scarlatti. — Ueber die Handschrift
aus dem 15. Jahrh. vergl. Vierteljahrsschrift für Musikwissenschaft
1885, S. 481 ff., ferner Gius. Lisio: Una stanza del Petrarca, Bologna 1893.

Bologna, Biblioteca del Liceo musicale. Im Jahre 1798 gegründet, im
Nov. 1805 eröffnet. Die werthvollste Sammlung für Literatur des
16.—18. Jahrh. Wird in ihrer Bedeutung von keiner anderen Musik-
bibliothek erreicht. Sie enthält in ihrem Grundstocke die Bibliotheken
Padre Martini's, Stan. Mattei's und Gaetano Gaspari's. Der älteste
Bestand bezieht sich, einige Neumen-Fragmente aus dem 13. Jahrh.
ausgenommen, auf theoretische Tractate (Prosdocimus de Beldomandis,
Tinctoris, Gaffurius) und practische Musik in Handschriften aus dem
15. Jahrh. Unter den frühesten Druckwerken finden sich Gaffurius
(Theoricum opus musice discipline, Neapolis 1480), Ramis de Pareja
(Musica practica, Bononiae 1482), Nic. Burtio, Spataro &c. Die Fülle
der theoretischen Schriften des 16. und 17. Jahrh. ist kaum übersehbar.
Was auch immer die Druckerpressen beschäftigt und für die ver-

schiedenen Theile musikalischer Disciplin irgend welchen Werth erlangt
hat, ist vorhanden, zum Theil sogar in sämmtlichen verschiedenen
Ausgaben. Nicht minder grossartig ist die praktische Musik des 16.,
17. und 18. Jahrh. vertreten. Wir finden unter zahlreichen Werken
aus der Officin Petrucci's den ersten, mit beweglichen Metalltypen hergestellten Musikdruck: Harmonice Musices Odhecaton (1501), ferner
die reichhaltigste Sammlung von Frottolen, Madrigalen, Compositionen
für Kirchen-, Kammer-, Opern- und Instrumentalmusik. Die Werke
der frühesten Opernliteratur (Peri, Caccini, Monteverdi, Gagliano,
Landi, Mazzocchi &c.) sind in gleicher Reichhaltigkeit an keinem
andern Orte anzutreffen. Aus dem 18. Jahrh. enthält die Bibliothek
vorwiegend handschriftliche Partituren von Opern, Oratorien und
Instrumentalmusik. Erwähnenswerth ist endlich noch eine ca. 10000
Nummern umfassende Sammlung von Textbüchern, von den ersten
Opern (1600) bis zur Gegenwart. Von Autographen verdienen genannt
zu werden die sämmtlichen Werke Ercole Bottrigari's, eine 8stimmige
Messe von Carissimi, zwei 16stimmige Messen von Oratio Benevoli,
eine Motette von Stradella, 81 Bände der Correspondenz und der un-
edirten Schriften, sowie 500 Musikstücke Padre Martini's, Jugendcompositionen von Mozart, Donizetti, Rossini, Morlacchi, die vollständige
Partitur von Rossini's „Barbiere di Seviglia" und ein Bruchstück (Te
decet hymnus) aus Verdi's „Requiem". — Vergl. Gaspari, Catalogo
della Biblioteca del Liceo musicale di Bologna. Vol. I. Vol. II. pubbl.
da Fed. Parisini, Vol. III. da Luigi Torchi. Bologna 1890. 1892. 1893.

Bologna, S. Petronio. Eine Anzahl meist geistlicher Vocalwerke aus
dem 16. Jahrh. in Handschriften und Drucken.

Cesena, Biblioteca communale (Malatestiana). Handschriftliche Tractate
alter Theoretiker. — Vergl. Muccioli: Catalogus codicum manuscripto-
rum Malatestianae Bibliothecae, Cesenae 1780—84, Zazzeri: Sui
codici e libri a stampa della Bibl. Malatestiana, Cesena 1887.

Cividale del Friuli, Biblioteca capitolare. Einige Neumenhandschriften
aus dem 11. Jahrh., sowie werthvolle Codices geistlicher Dramen in
Handschriften aus dem 14. Jahrh. — Vergl. Coussemaker: Les Drames
liturgiques, Rennes 1860.

Cortona, Biblioteca communale. Liturgische Codices, darunter ein Antiphonar aus dem 12. Jahrh.

Crespano-Veneto, Biblioteca del prof. P. Canal. Gewählte Sammlung
theoretischer und practischer Werke des 16.—19. Jahrh. Die Handschriften, sowie die Drucke des 16. und 17. Jahrh. enthalten zumeist
weltliche Vokalmusik. — Vergl. Biblioteca musicale del prof. P. Canal
in Crespano-Veneto. Bassano 1885.

Ferrara, Biblioteca comunale. Gedruckte, zum grössten Theile weltliche Vocalwerke italienischer Componisten aus der 2. Hälfte des 16., des ganzen 17. und aus dem ersten Drittel des 18. Jahrh. Unter den spätesten Drucken Madrigale von Belliuzani (op. 6, Pesaro 1733).

Florenz, Biblioteca Laurenziana. Reiche Sammlung liturgischer Codices, darunter ein Vallombroser Antiphonar aus dem 11. Jahrh. Den werthvollsten Schatz von kunstmässiger Musik enthält die Bibliothek in einem Manuscript aus dem 15. Jahrh. Die Handschrift, einst im Besitze des Orgelmeisters Ant. de' Squarcialupi, enthält ein-, zwei- und dreistimmige Compositionen zu italienischen (nur 2 zu französischen) weltlichen Texten. Sie bildet eine der wichtigsten Quellen für die Musik des 15. Jahrh. In einem Manuscript aus dem 16. Jahrh. sind 3—5stimmige Hymnen von Corteccia enthalten. Seit einigen Jahren sind die Bestände der Laurenziana durch die von der italienischen Regierung erworbenen Handschriften der Sammlung Ashburnham-Place vermehrt worden. Damit sind für Musik gewonnen: Einige liturgische Codices aus dem 10.—15. Jahrh., verschiedene griechische Hymnologia mit notirter Musik aus dem 12. und 14. Jahrh., eine grosse Anzahl von Tractaten aus dem 14. und 15. Jahrh. (zum Theil aus der Bibliothek des Escorial), ein mit Miniaturen geschmückter Pergamentcodex französischer Romanzen aus dem 16. Jahrh.[*]), endlich eine Anzahl meist einstimmiger italienischer Gesänge aus dem Ende des 17. und dem Anfange des 18. Jahrh. (Aless. Melani, Pasquini, Perti, Tosi &c.) — Vergl. Index Bibl. Mediceae Firenze 1882. Paoli: I codici Ashburnhamiani della R. Bibl. Mediceo-Laurenziana di Firenze. Roma 1887—91. Vom Squarcialupi-Codex sind 13 Seiten in facsimilirter Wiedergabe veröffentlicht in: Illustrazioni di alcuni Cimeli concernenti l'arte musicale in Firenze . . . Firenze 1892.

Florenz, Biblioteca Marucelliana. Fünf gedruckte Sammlungen aus den Jahren 1515, 1519, 1520 und, ebenfalls aus dem Jahre 1520, „Motetti novi & chanzoni fraciose à 4". — Vergl. Vogel, l. c. II, S. 372 ff.

Florenz, Biblioteca del R. Istituto musicale. Vereinigt seit einigen Jahren die Bestände der Schulbibliothek mit der Sammlung des verstorbenen Musikgelehrten Abramo Basevi. Die Bibliothek des Letzteren enthält in Bezug auf die theoretische und praetische Literatur des 16. und 17. Jahrh. manche Seltenheiten, von besonderer Bedeutung jedoch einige Handschriften mit mehrstimmiger Musik aus dem Ende des 15. und der 1. Hälfte des 16. Jahrh. — Vergl. Barbure: Étude sur un Manuscrit du XVIe siècle, Bruxelles 1882. — Illustrazioni di alcuni Cimeli concernenti l'arte musicale a Firenze, Firenze 1892.

---

[*]) Im Katalog ist das 15. Jahrh. angegeben.

Florenz, Biblioteca nazionale. Gesammtbestand der Musikalien am 31. Dez. 1893: 11764 Nummern, Zuwachs 1893: 2979. Besitzt von wichtigeren theoretischen Tractaten eine Sammlung Guidonischer Schriften in einer Pergamenthandschrift aus dem 12. Jahrh. und aus dem 15. Jahrh. Abhandlungen von Ugolino d'Orvieto, Joh. Octobi und Guido. Die practische Musik umfasst Manuscripte und Drucke vom 14. Jahrh. bis zur Gegenwart. Sie beginnt mit Handschriften von Laudi spirituali aus dem 14. Jahrh. und enthält in ihrem werthvollsten Theile eine Reihe von handschriftlichen Compositionen aus dem 15. Jahrh. (Palatina 205, Cl. XIX: 58, 59, 117), sowie eine grosse Zahl von Druckwerken aus dem 16. und 17. Jahrh. In den Handschriften aus dem 15. Jahrh. befindet sich fast ausschliesslich mehrstimmige geistliche und weltliche Vocalmusik, Werke von Francesco degli Organi, Obrecht, Joa. Martini, Agricola, Mouton, Joa. Tinctoris, Josquin, Busnoys, H. Isaak u. A. Aus späterer Zeit, etwa aus der Mitte des 16. Jahrh., eine handschriftliche Passion von Corteccia. Die Abtheilung der gedruckten Musik enthält in reicher Anzahl u. A. Compositionen von Animuccia, Corteccia und Lud. da Victoria, ferner eine Sammlung der ältesten Opern (Peri, Caccini, Gagliano) und der frühesten monodischen Gesänge. Letztere zum grossen Theil in Marescotti-Drucken. Handschriftliche Partituren von Opern und Oratorien, sowie Cantaten und Arien, auch Lautentabulaturen, bilden den hauptsächlichsten Bestand der Werke aus der 2. Hälfte des 17. und des ganzen 18. Jahrh. Aus der ersteren Zeit Opern von Cavalli („Giasone"), Jac. Melani, Nic. Sapiti und Baccio Baglioni. Unter den Autographen ist stark vertreten Vincenzo Galilei. — Vergl. Bartoli: I Manoscritti Italiani della Bibl. naz. di Firenze, Firenze 1879. Palermo: I Manoscritti della R. Bibl. Palatina di Firenze, Firenze 1853. Einige Proben von Laudi spirituali wurden in photo-mechanischer Reproduction mitgetheilt in: Illustrazioni di alcuni Cimeli concernenti l'arte musicale in Firenze, Firenze 1892. Cod. 58 (Cl. XIX) wurde beschrieben in den Monatsheften für Musikgeschichte 1872, S. 31.

Florenz, Privatbibliothek des Herrn Horaz von Landau. Enthält in ihrem Musikbestande eine Sammlung höchst seltener und werthvoller Druckwerke von Theoretikern und Praktikern des 16. und 17. Jahrh. Unter den frühesten Drucken mit beweglichen Metalltypen befinden sich Werke aus den Officinen von Petrucci (1504), Andrea Anticho da Montona (1507) und Jac. Mazochius (1513, 1518). In beträchtlicher Anzahl finden wir die Madrigalliteratur, die Lautenmusik und die frühesten Opern (Peri, Caccini, Gagliano, Monteverdi). — Vergl. Catalogue des livres manuscrits et imprimés composant la bibliothèque de M. Horace de Landau. 2 Vol. Firenze 1885. Für die Drucke von 1517 und 1518 vergl. Vogel, Bibliothek der gedruckten weltlichen Vocalmusik Italiens, Bd. II. S. 375.

Florenz, Biblioteca Riccardiana. Einige Tractate aus dem späteren Mittelalter, sowie eine kleine Anzahl gedruckter geistlicher und weltlicher Vocalwerke aus dem 16. und 17. Jahrh. bilden den hauptsächlichsten Musik betreffenden Inhalt. Unter den wenigen hierhergehörigen Handschriften ist erwähnenswerth eine etwa 1630 verfasste Abhandlung des Severino Bonini: Prima parte de' Discorsi & Regole sora la Musica. Sie enthält wichtige Bemerkungen über die Musikverhältnisse am florentiner Hofe um 1600. Etwa aus derselben Zeit stammt eine handschriftliche deutsche Orgeltabulatur. — Vergl. Catalogus Codd. Mss. qui in Bibl. Ricc. Florentinae adservantur. Liburnii 1756.

Genua, Biblioteca dell' Università. Enthält von practischer Musik nur italienische Lautentabulaturen: Eine Handschrift aus dem Ende des 16. Jahrh. und 5 gedruckte Werke von Gintzler, Gorzanis, Francesco da Milano und Gabriel Fallamero. — Die Handschrift beschrieb Achille Neri im Giornale storico della Letteratura italiana, Anno IV, vol. VII.

Livorno, Biblioteca Labronica. Eine Anzahl Textbücher von 1706—1782.

Lucca, Biblioteca dei Canonici. Liturgische Codices mit Neumennotirungen aus dem 11.—14. Jahrh., ferner Handschriften aus dem 15. Jahrh. in Choralnoten.

Lucca, Biblioteca comunale. Besitzt nur eine kleine Anzahl von gedruckten Werken practischer Musik des 16. Jahrh. und einen Band handschriftlicher Lautentabulaturen aus demselben Jahrh. — Vergl. bezüglich des Manuscripts G. Sforza, Poesie Musicali del secolo XVI. (Giornale storico della lett. ital. Anno IV, Vol. VIII, S. 312.

Mailand, Biblioteca Ambrosiana. Ausser liturgischen Codices (zum Theil mit Accentneumen) aus dem 10., 11., 12. und 13. Jahrh. sind gedruckte, zumeist geistliche Vocalwerke italienischer Componisten aus der 2. Hälfte des 16. und der 1. Hälfte des 17. Jahrh. vorhanden. Autographe Musikstücke von Gaffurius und Cipr. de Rore, Briefe von Zarlino und Bottrigari.

Mailand, Biblioteca di Brera (Bibl. nazionale). Bedeutende Sammlung von liturgischen Codices aus dem 12.—16. Jahrh., dazu einige gedruckte theoretische Werke und Lautentabulaturen (Negri, le Gratie d'Amore, Milano 1602). — Vergl. Catalogo dei Codici Corali e libri a stampa miniati, descritti da Fr. Carta. (Bd. XIII der „Indici e Cataloghi", herausgegeben vom k. ital. Unterrichts-Ministerium.) Roma 1891.

Mailand, Biblioteca del R. Conservatorio. Enthält ausser einer lediglich
Schulzwecken dienenden Bibliothek eine Sammlung von Musikdrucken
und Handschriften aus dem 16.—18. Jahrh. Unter den gedruckten
Werken des 16. Jahrh. sind besonders geistliche Vocalwerke spanischer
und italienischer Meister stark vertreten, so namentlich die von Morales,
Phil. Rogerius (Matriti 1598), Ortiz, Lod. da Victoria, Wert, Orl. Lassus
und Palestrina. Autographe u. A. von Durante, Leo, Paisiello, Zingarelli,
Donizetti, Bellini, Generali und Rossini. Einen beträchtlichen Zuwachs
erfuhr die Bibliothek durch die vor einigen Jahren erworbene Sammlung
Noseda. Dieselbe besteht aus Vocal- und Instrumentalmusik des
17.—19. Jahrh. — Vergl. Eug. de' Guarinoni's Katalog der Collection
Noseda in den Annuari del R. Conservatorio di Musica di Milano,
Anno VIII ff. Millano 1889 ff.

Mailand, Archivio del Duomo. Besitzt handschriftliche geistliche Vocalmusik aus dem Ende des 15.—18. Jahrh., dazu einige wenige, aber
seltene Drucke des 16. und 17. Jahrh. Der werthvollste Theil besteht
aus Manuscripten (zum Theil Autographen) von Obrecht, Josquin,
Brumel, Martini, Tinctoris, Gaffurius, Loyset, Spatarius, Isaac u. A. Aus
dem Jahre 1779 eine autographe Partitur (Gloria für 8 Stimmen) von Sarti.

Modena, Biblioteca Estense. Bedeutende Sammlung von Musik-Handschriften und Drucken aus dem 15.—18. Jahrh. Die 6 ältesten Codices enthalten in Handschriften aus dem 15. Jahrh. mehrstimmige geistliche und
weltliche Vocalmusik von Franciscus Venetus, Broccus, Franciscus de
Florentia, Dufay, Okeghem, Josquin, Martini u. A. Aus den beiden
folgenden Jahrh. sind zahlreiche Drucke (namentlich von geistlichen
und weltlichen Vocalwerken) vorhanden, während von der 2. Hälfte
des 17. Jahrh. ab Handschriften überwiegen. Unter den Letzteren
befindet sich eine äusserst kostbare, grosse Sammlung von Compositionen
Aless. Stradella's. Die übrigen Handschriften des 17., sowie des
18. Jahrh. enthalten zumeist Partituren von Oratorien, Opern, Cantaten
und Arien. — Vergl. Finzi: Bibliografia delle stampe musicali della
R. Bibl. Estense. (Rivista delle Biblioteche, Anno III, No. 31 ff.)
Catelani: Delle Opere di A. Stradella esistenti nell' Archivio mus. della
R. Bibl. Palatina di Modena. Modena 1863.

Monte-Cassino, Biblioteca conventuale. Sammlung mittelalterlicher
Tractate und liturgischer Codices vom 11.—16 Jahrh.

Monza, Biblioteca capitolare. Werthvolle liturgische Codices vom
10.—14. Jahrh.

Neapel, Biblioteca nazionale. Der musikalische Theil enthält einige
liturgische Codices aus dem 12. und 13. Jahrh., sowie eine kleine Anzahl gedruckter geistlicher und weltlicher Vocalwerke des 16. und 17. Jahrh.

Neapel, R. Conservatorio S. Pietro in Majella. Eine der grössten Sammlungen für italienische Musik des 18. und der ersten Hälfte des 19. Jahrh.
Den werthvollsten Theil derselben bilden handschriftliche Partituren
von Opern und Oratorien. Mercadante und Rossini sind nahezu mit
ihren sämmtlichen Schöpfungen vertreten. In annähernder Reichhaltigkeit
auch die Werke von Aless. Scarlatti, Leon. Vinci, Pergolesi, Jommelli,
Paisiello, Cimarosa und Bellini. In einer Anzahl älterer Drucke aus
der Zeit von 1550—1728 sind enthalten geistliche Vocalwerke, einige
Instrumentalmusik und ganz besonders Madrigalliteratur, zum Theil in
seltenen neapolitaner Ausgaben. In einem florentiner Drucke von 1628
befindet sich Gagliano's „La Flora". — Vergl. Florimo: La Scuola
musicale di Napoli, Vol. II, III. Napoli 1882.

Novara, Archivio del Duomo. Geistliche Vocalmusik, zumeist aus der
2. Hälfte des 17. Jahrh. Werke von Cortellini, Billi, Trabattone, Grossi,
Cazzati, Allevi, Gio. Bononcini u. A.

Padua, Biblioteca del Seminario. Kleine Sammlung theoretischer und
practischer Musik des 16. und 17. Jahrh.

Padua, Biblioteca dell' Università. Besitzt ein aus nur 2 Blättern
bestehendes Manuscript aus dem 15. Jahrh., enthaltend ein- und zwei-
stimmige französische und italienische Gesänge, darunter ein zwei-
stimmiges „Dolce fortuna" von Joa. Ciconia. Aus dem 17. Jahrh. handschriftliche Orgeltabulaturen von Hans Leo Hasler, Erbach, Sweelinck
u. A. Von Druckwerken nur wenige Vocalmusik aus dem 16. und
17. Jahrh.

Parma, Biblioteca nazionale. Enthält einige Musikdrucke aus dem 16.
und 17. Jahrh.

Perugia, Biblioteca capitolare. Liturgische Codices, darunter ein Antiphonar aus dem 11. Jahrh.

Pisa, Biblioteca dell' Università. Einige theoretische Werke. Von practischer Musik nur Bacchianti's „Arie, Scherzi e Madrigali" (Ven. 1627).

Rom, Biblioteca dell' Accademia di S. Cecilia. Die Centralbibliothek
Italiens für moderne Musikliteratur. Erhält „Pflichtexemplare" von
allen in Italien erscheinenden musikalischen Publikationen. Obwohl
erst kurz nach 1870 gegründet, besitzt sie schon jetzt (1893) mehr als
50000 Nummern. Da sie mit der modernen Abtheilung auch die
Musikbestände der ehemaligen römischen Klosterbibliotheken vereinigt,
enthält sie zugleich eine bedeutende Sammlung theoretischer und
practischer Musik des 16., 17. und 18. Jahrh. Unter den Seltenheiten
„Liber quindecim missarum" (Romae, Ant. de Montona, 1516), „Motetti

del Fiore" (Lib. I, II, III) und das einzige*) wohl erhaltene Exemplar von Emilio del Cavaliere's „Rappresentatione di Anima et di Corpo" (Roma 1600). Von den Erwerbungen der letzten Jahre sei nur eine der werthvollsten erwähnt: Eine Textbüchersammlung, betreffend die Opernaufführungen in Mailand und Monza von 1670—1885. Autogrnphe u. A. von Mozart, Rossini (Part. der Oper „Torwaldo e Dorliska "), Mendelssohn und Liszt.

Rom, Biblioteca Barberiniana. Ausser einigen liturgischen Codices aus dem 12.—15. Jahrh., seltene Drucke aus dem 17. Jahrh. Stark vertreten sind namentlich die Werke der Monodisten (Brunetti, Kapsperger, Vitali, Vittori, Landi, Rossi &c.) und der frühesten Operncomponisten (Peri, Caccini, Vitali, Landi, Vittori und Rossi).

Rom, Biblioteca Casanatense (S. Maria sopra Minerva). Besitzt neben liturgischen Codices aus dem 11.—14. Jahrh. eine reiche, namentlich für die Literatur des 16. und 17. Jahrh. wichtige Sammlung theoretischer und practischer Musik. Der grösste Theil derselben stammt aus der Hinterlassenschaft des Palestrina-Biographen Baini. Unter den älteren Handschriften befindet sich eine umfangreiche theoretische Abhandlung des Ugolino von Orvieto und aus dem Ende des 15. (resp. aus dem Anfange des 16.) Jahrh. ein werthvoller Band meist 3stimmiger Compositionen von Okeghem, Obrecht, Philippon, Busnoys, Brumel, Martini, Josquin u. A. Gedruckte geistliche Vocalwerke bilden den Hauptbestand der practischen Musik des 16. und 17. Jahrh., während das 18. nur durch einige handschriftliche Intermezzi von Aless. Scarlatti und Hasse, sowie auch durch eine Sammlung einstimmiger Sopranarien vertreten ist. Die theoretische Literatur dagegen enthält auch aus dem 18. Jahrh. einen starken Bestand. Unter den Seltenheiten befindet sich Cerone's „El Melopeo" (Napoles 1613).

Rom, Biblioteca Chigiana. Bedeutungsvoll durch eine kostbare Handschrift aus dem Ende des 15. Jahrh. Dieselbe enthält auf 270 Folioblättern u. A. 12 Messen von Okeghem, Messen und Motetten von Pierre de Larue, Brumel, Josquin, Compère, Gaspar &c.

Rom, Biblioteca Vaticana. Eine Uebersicht von dem Musikbestande dieser Bibliothek zu geben, ist zur Zeit, da die Katalogarbeiten erst für einen kleinen Theil abgeschlossen sind, leider unmöglich. Soweit wir berichtet sind, enthält die Vaticana die reichste Sammlung theoretischer Tractate in Handschriften vom 10.—15. Jahrh. Unter den Denkmälern aus der frühesten Zeit practischer Tonkunst eine bedeutende Anzahl französischer Troubadourlieder (13. und 14. Jahrh.) und aus

---

*) Ein zweites, aber defectes Exemplar besitzt nur noch die Universitäts-Bibliothek zu Urbino.

der Zeit des Anfangs der Mehrstimmigkeit Compositionen altenglischer und altniederländischer Meister. (Dunstable, Binchois u. A.) — Vergl. Assemanni: Catalogus Bibl. Apostolicae Vatic. codicum mss., Romae 1756—59. Rossi: La Biblioteca della Sede Apostolica ed i cataloghi dei suoi manoscritti, Roma 1884.

Rom, Päpstliches Kapellarchiv im Vatikan. In den Werken aus der Zeit um 1500 wohl die reichhaltigste aller bis jetzt bekannten Sammlungen. Besteht zum grösseren Theile aus Handschriften von 1460 bis auf die Gegenwart. Unter der wenigen gedruckten Musik einige römische und Petrucci-Drucke, sowie eine Anzahl von Compositionen Palestrina's. — Vergl. Haberl: Bibliographischer und thematischer Musikkatalog des päpstlichen Kapellarchivs im Vatikan zu Rom. (Monatshefte für Musikgeschichte, 2. Heft der „Bausteine für Musikgeschichte"). Leipzig 1888.

Rom, Biblioteca Vittorio Emmanuele. Enthält einige liturgische Codices aus dem 15.—17. Jahrh. und eine kleine Sammlung von Musikhandschriften aus dem 16.—19. Jahrh., in ihrem werthvolleren Theile aus dem Archiv der Chiesa nuova (in Rom) stammend. Unter den Handschriften aus dem 16. Jahrh. befinden sich 4—8 stimmige Vesperpsalmen von Christoforo Montemayor (1592) und ein Band 4 stimmiger Psalmen von Th. Lud. da Victoria. Die Letzteren mit zahlreichen Verbesserungen und Bemerkungen in Musik und Textunterlage von des Autors eigener Hand. Von Compositionen aus späterer Zeit die Partituren eines Oratoriums von Aless. Scarlatti und die einer Oper von P. Anfossi (1773).

Rom, Archivio di S. Pietro. Unter den musikalischen Schätzen desselben ein Antiphonar aus dem 14. Jahrh. und einige wichtige handschriftliche Sammlungen von mehrstimmigen Compositionen aus der 2. Hälfte des 15. und dem ersten Drittel des 16. Jahrh. — Vergl. Vierteljahrsschrift für Musikwissenschaft 1885, S. 471; 1887, S. 252 (Anmerkung).

Rom, Capella Lateranense. In ihrem werthvolleren Theile besitzt die Bibliothek handschriftliche und gedruckte geistliche Werke aus dem 16. und 17. Jahrh. Unter den Drucken zumeist Sammlungen verschiedener Autoren aus der 1. Hälfte des 16. Jahrh.

Rom, S. Maria Maggiore. Im Musik-Archiv einige Gradualien aus dem 16. Jahrh.

Siena, Biblioteca comunale. In einer Handschrift aus dem 15 Jahrh. theoretische Abhandlungen von Joh. de Muris, Marchettus de Padua u. A. Sonst für theoretische Literatur unbedeutend. Die practische Musik dagegen enthält einen französischen Minnesängercodex aus dem 13. Jahrh.

und aus dem 17. zwei Opernpartituren ungenannter Autoren [, darunter „Gissone" von Cavalli]. — Vergl. Ilari: Indice per materia della Bibl. com. di Siena. Siena 1844—48. Ueber den Minnesängercodex siehe „The musical Times" 1886, S. 648 ff.

Siena, Libreria del Duomo. Berühmte Sammlung von liturgischen Büchern mit kostbaren Miniaturen aus dem 15. Jahrh.

Treviso, Duomo, Biblioteca capitolare. Ein nicht unbeträchtlicher Bestand von handschriftlicher, meist geistlicher Vocalmusik aus dem 16. und 17. Jahrh. Von Druckwerken nur wenige aus dem 16. Jahrh., namentlich einige Petrucci-Drucke. Unter den Letzteren ein vollständiges Exemplar des ersten Notendruckes mit beweglichen Metalltypen: Harmonice Musices Odhecaton, 1501.

Turin, Biblioteca nazionale. In der Abtheilung für Liturgie ein Graduale aus dem 13. Jahrh. Unter den gedruckten theoretischen Werken ein Exemplar von Cerone's „El Melopeo" (Napoles 1613). Von practischer Musik eine Anzahl Drucke aus der 2. Hälfte des 16. Jahrh. (namentlich Madrigal-Literatur) und einige Wenige aus dem 17. Jahrh.

Turin, Cattedrale S. Giovanni Battista. Enthält einige gedruckte geistliche Vocalwerke aus dem 16. und handschriftliche Musik aus dem 17. und 18. Jahrh.

Turin, Museo civico. Liturgische Codices mit Choralnoten aus dem 16. und 17. Jahrh.

Urbino, Biblioteca dell' Università. Von Bedeutung für Musik nur durch ein Exemplar von Cavaliere's „Rappresentatione di Anima et di Corpo" (Roma 1600). — Siehe die Anmerkung zu Rom, Bibl. dell' Accad. di S. Cecilia.

Venedig, Biblioteca di S. Marco. Den werthvollsten Bestand dieser Bibliothek in Bezug auf Musik bildet die Sammlung Contarini, bestehend aus 112 handschriftlichen Opernpartituren, sowie ca. 100 Cantaten aus der Zeit von 1639—1685. Sie bietet damit ein Material für das Studium der Entwicklung des musikalischen Dramas dieser Zeit, wie es in solcher Fülle und Bedeutung anderswo nicht mehr angetroffen wird. Von Fr. Cavalli sind 27, von P. A. Ziani 9, von Dom. Freschi 8 Opern vorhanden. Unter den Cantaten ist Aless. Stradella mit 22, Aless. Scarlatti mit 15 Nummern vertreten. Die übrigen Musikwerke enthalten zum grösseren Theile gedruckte Vocalcompositionen des 16. und 17. Jahrh., besonders Madrigal-Literatur. — Vergl. Wiel: I Codici musicali Contariniani del sec. XVIII nella R. Bibl. di San Marco in Venezia. Venezia 1888.

Venedig, Biblioteca Querini-Stampalia. Handschriftliche ein- und zwei-stimmige Gesänge, zumeist Opern- und Oratorientheile, aus der 2. Hälfte des 17. Jahrh.

Venedig, Museo Correr. Enthält einige Musikdrucke aus dem 17. Jahrh., sowie eine beträchtliche Anzahl handschriftlicher Opernpartituren von Pergolesi, Jommelli, Lotti &c. Von Furnaletto viele Autographe.

Verona, Biblioteca capitolare. Einige liturgische Codices, darunter ein Troparium mit Accentneumen aus dem 11. und eine Missale aus dem 12. Jahrh. Unter der mehrstimmigen Vocalmusik ein kleiner, haupt-sächlich geistliche Werke umfassender Bestand von Handschriften aus dem 16. und 17. Jahrh. Von den älteren derselben verdienen erwähnt zu werden eine Sammlung von Psalmen verschiedener Autoren (Josquin, Lupus, Festa, Verdelot &c.) und ein Band mit 19 Messen von Orlando di Lasso.

Verona, Biblioteca communale. Eine kleine Anzahl von Musikdrucken aus dem 16. und 17. Jahrh.

Verona, Teatro filarmonico. Bedeutende Sammlung von Musikdrucken, namentlich der Madrigal-Literatur des 16. und 17. Jahrh.

Vicenza, Biblioteca Bertoliana. Enthält eine kleine Anzahl gedruckter theoretischer und practischer Werke des 16. und 17. Jahrh., darunter ein von Attaignant 1539 gedrucktes Motettenwerk von P. de Manchicourt.

Spanien.

Von den Musikbeständen spanischer Bibliotheken sind wir bis jetzt nur unvollkommen unterrichtet. Was wir davon mittheilen können, bezieht sich der Hauptsache nach nur auf die ältesten Quellen, die erst in jüng-ster Zeit uns erschlossen wurden durch Juan Facundo Riaño's Critical & biographical Notes on early Spanish Music, London 1887.

Barcelona, Biblioteca provincial. Enthält liturgische Codices aus dem 13.—18. Jahrh., eine Anzahl gedruckter theoretischer Schriften vom 16. Jahrh. bis zur Gegenwart und handschriftliche, sowie gedruckte Werke practischer Musik vom 16.—19. Jahrh. In den Drucken des 16. und 17. Jahrh. sind zumeist spanische und italienische Componisten vertreten.

Escorial, Biblioteca real. In ihren ältesten, Musik betreffenden Denk-mälern ein Missale aus dem 12. Jahrh. und 2 Handschriften der reich mit Miniaturen gezierten „Cantigas del Rey sabio" aus dem 13. Jahrh.

Die eine derselben enthält 292, die andere 401 verschiedene Nummern. Aus dem 15. Jahrh. eine theoretische Abhandlung „Musica de Canto llano y de Organo" mit lat. und span. Text. — Vergl. Clementis Claudii Descriptio R. Bibl. S. Laurentii Escurialensis. Lugduni 1635.

Madrid, Biblioteca de la real academia de la Historia. Liturgische Codices aus dem 11. und 12. Jahrh.

Madrid, Biblioteca nacional. Besitzt eine grosse Sammlung von Missalien, Antiphonarien &c. aus dem 11.—16. Jahrh. Aus dem 13. Jahrh. eine Handschrift „Cantigas del Rey sabio", ähnlich den beiden im Escorial befindlichen Manuscripten, allein weniger reich an Miniaturen, sowie an Inhalt (nur 100 Nummern).

Madrid, Biblioteca particular del Rey. Enthält unter ihren werthvolleren handschriftlichen Schätzen eine Sammlung von „Romances" und „Villancicos" aus dem 15. Jahrh.

Sevilla, Biblioteca Colombina. Ist bedeutend in liturgischen Codices aus dem 15. Jahrh. Aus dem Ende desselben eine werthvolle Handschrift 3- und 4 stimmiger geistlicher und weltlicher Gesänge von Mouton, Busnois, Agricola, Gaspar u. A. Die theoretische Literatur ist ebenfalls in einer Handschrift aus dem 15. Jahrh. vertreten. Sie enthält Abhandlungen von Marchettus de Padua, Raymundus de Silva u. A. — Vergl. Harrisse: Grandeur et décadance de la Colombine. Paris 1885.

Toledo, Biblioteca de la Catedral. Wohl die grossartigste Sammlung von handschriftlichen, sowie von gedruckten liturgischen Büchern aus dem 11.—16. Jahrh. An gedruckter theoretischer Literatur fast ebenso reich. Besitzt von den ältesten, in Spanien über Musiktheorie gedruckten Werken eine grosse Anzahl, zum Theil in nur dort vorhandenen Exemplaren.

Frankreich.

Aix, Bibliothèque Méjanes. In ihrem Besitz ein werthvolles Manuscript französischer Troubadourlieder aus dem 14. Jahrh. Aus dem Anfange des 17. Jahrh. eine Handschrift von 97 Chansons mit Lautenbegleitung. — Vergl. Catalogue des manuscrts par l'abbé Albanès (Catalogue général des manuscrits des bibliothèques publiques de France, T. XVI) Paris 1894.

Arras, Bibliothèque municipale. Sammlung von Troubadourliedern aus dem 13. Jahrh. — Vergl. Catalogue des mss. par J. Quicherat (Cat. général des mss. des bibl. publ. de France, ancienne série, p. 1—426).

Bordeaux, Bibliothèque de la Ville. Vergl. Catalogue des livres composant la Bibl. de la Ville de Bordeaux. Musique. Bordeaux 1856.

Boulogne - sur - Mer, Bibliothèque communale de musique. Eine Schulbibliothek, bestehend hauptsächlich aus Werken des 18. und 19. Jahrh.

Caen, Bibliothèque municipale. Vergl. Liste des oeuvres music. et des ouvrages rel. à la musique. (Caen, o. J.)

Cambrai, Bibliothèque de la Ville. Eine der kostbarsten Sammlungen für mehrstimmige Musik aus dem 13. bis zum Anfange des 16. Jahrh. Aus dem 11. und 12. Jahrh. einige Missalien, Gradualien &c. — Vergl. Coussemaker: Notice sur les Collections mus. de la Bibl. de Cambrai, Paris 1843. (Im Anhang Mittheilungen über die Musikbestände der Bibliotheken zu Douai, Dunkerque, Lille und Valenciennes.)

Douai, Bibliothèque municipale. Bewahrt eine Handschrift aus dem Anfange des 12. Jahrh. mit einem der ersten Versuche der Zweistimmigkeit (Discantus), ein Hymnarium aus demselben Jahrh. und einige gedruckte theoretische Werke des 16. Jahrh. — Vergl. Coussemaker: Histoire de l'harmonie au moyen age, Paris 1852 (Pl. XXIV) und Notice sur les Coll. mus. de la Bibl. de Cambrai. Paris 1843. Siehe auch: Manuscrits de la Bibl. de Douai .., par l'abbé Dehaisnes (T. VI du Cat. général, anc. série).

Dunkerque, Bibliothèque de la Ville. Eine kleine Anzahl von Phalesius-Drucken aus dem 16. Jahrh. — Vergl. Anhang zu Coussemaker's Notice sur les Coll. mus. de la Bibl. de Cambrai, Paris 1843.

Grenoble, Bibliothèque de la Ville. Enthält eine Reihe von bemerkenswerthen liturgischen Codices, darunter der älteste aus dem Ende des 12. Jahrh. — Vergl. Catalogue des Manuscrits . . . par Fournier, E. Maignien et A. Prudhomme (T. VII du Cat. général, nouv. série).

Le Havre, Bibliothèque musicale publique. Bestand ca. 4000 Werke, hauptsächlich Orchestermusik und Opernpartituren aus der 2. Hälfte des 18. und des laufenden Jahrh.

Lille, Bibliothèque de la Ville. Einige wenige gedruckte theoretische Schriften und ein Manuscript aus dem 14. Jahrh., enthaltend ein lateinisches Prosadrama (Ludus adae de Bassein) mit Melodien. — Vergl. Anhang zu Coussemaker's Notice sur les Coll. mus. de la Bibl. de Cambrai, Paris 1843.

Lille, Bibliothèque musicale. Eine Sammlung von etwa 3000 Nummern praetischer Musik vom Ende des 17. Jahrh. bis ca. 1850. Ihr hauptsächlichster Werth besteht in 681 Opern- und Operettenpartituren (namentlich französischer Componisten) des 18. und 19. Jahrh. Hervorragend vertreten sind Philidor, Grétry, Cimarosa, Sacchini, Boieldieu, Cherubini, Adam, Auber, Rossini und Spontini. Die theoretische Literatur ist unbedeutend, sie umfasst nur 29 Nummern moderner Werke. — Vergl. Catalogue des ouvrages sur la musique et des compositions musicales de la Bibliothèque de Lille. Lille 1879.

Marseille, Bibliothèque de la Ville. Werthvolle liturgische Codices aus dem 12. Jahrh. — Vergl. Cat. des manuscrits par l'abbé Albanès (T. XV du Catalogue général des Départem. Paris 1892).

Marseille, Sainte-Madeleine. Sammlung von Missalien, Gradualien, Antiphonarien &c. Die ältesten Codices aus dem 12. Jahrh.

Montpellier, Bibliothèque de la Faculté de Médicine. Besitzt das älteste, in Frankreich befindliche Denkmal bezüglich Musik, das Seitenstück zu dem berühmten Codex in St. Gallen: Ein in Neumen und Buchstaben notirtes Antiphonar aus dem 9. Jahrh. Aus dem 14. Jahrh. eine Handschrift mehrstimmiger (meist 3stimmiger) Lieder. — Vergl. Coussemaker: L'Art harmonique au 12me et 13me siècles, Paris 1865.

Orléans, Bibliothèque de la Ville. Eine reiche Sammlung geistlicher Schauspiele aus dem 12. Jahrh. — Vergl. Cuissard: Manuscrits de la Bibl. d'Orléans (T. XII du Cat. général, Paris 1889).

Paris, Bibliothèque de l'Arsenal. In ihrem älteren, Musik betreffenden Theile eine Handschrift mit Accentneumen aus dem 10. Jahrh. Aus dem 13. Jahrh. Handschriften von Troubadourliedern. Dazu aus neuerer Zeit eine Sammlung von Opernpartituren aus dem 17. und 18. Jahrh. — Vergl. Martin: Catalogue des mss. de la Bibl. de l'Arsenal, 6 vol. Paris 1885—92.

Paris, Bibliothèque du Conservatoire national de musique. Im Jahre 1795 gegründet, aber erst 1806 eröffnet. Die umfangreichste aller Musikbibliotheken. Sie besteht aus theoretischen und practischen Werken vom Ende des 15. bis 19. Jahrh. Ihr Schwerpunkt liegt in der practischen Literatur, namentlich in der Oper, von ca. 1660 bis zur Gegenwart. Die theoretische Abtheilung des 16. und 17. Jahrh. ist beträchtlich, die practische Musik der gleichen Zeit verhältnissmässig nur gering vertreten, doch theilweise in ausserordentlichen Seltenheiten: Petrucci-Druck „Harmonice musices Odhecaton" vom Jahre 1504, Carpentras, Liber primus Missarum (Avenioni 1532) u. A. Aus dem 18. und 19. Jahrh. ist wohl der grösste Theil der in Frankreich erfolgten musikalischen Publikationen vorhanden. Von ehemaligen privaten Sammlungen wurden erworben die Eler's (des ersten Bibliothekars), Bottée de Toulmon's und Victor Schoelcher's. Unter den Autographen finden sich die sämmtlichen mit dem „Prix de Rom" ausgezeichneten Compositionen. — Vergl. Weckerlin: Bibliothèque du Conservatoire national de musique. Paris 1885.

Paris, Bibliothèque nationale. Mit der vatikanischen Bibliothek die wichtigste Sammlung für Erforschung der Anfänge europäisch-abendländischer Musik. Sie enthält Handschriften und Drucke vom 9.—19. Jahrh. Unter den ältesten Aufzeichnungen ein Gesang auf die Schlacht von Fontenay (842) und ein geistliches Schauspiel (behandelnd die Parabel von den klugen und thörichten Jungfrauen) mit Neumennotirungen aus dem 11. Jahrh. In Handschriften aus dem 11. und 12. Jahrh. finden sich die frühesten Erscheinungen der Zweistimmigkeit (Déchant, Discantus), in denen aus dem 13. Jahrh. zahlreiche Troubadourgesänge, die Werke Adam de la Hale's und endlich aus dem 14. Jahrh. mehrstimmige Musik von Lescurel, Joh. Florentinus, Landino &c. In den Werken des 16. und der ersten Hälfte des 17. Jahrh. sind namentlich französische Componisten durch zahlreiche Drucke, (resp. Stiche) vertreten, während in der Literatur der 2. Hälfte des 17. sowie des ganzen 18. Jahrh. neben der französischen Musik auch die der Italiener stark zur Geltung kommt. Unter den Handschriften dieser Zeit befinden sich Oratorien von Carissimi, Aless. Scarlatti, Bernardi, Melani u. A., ferner Opernpartituren von Cavalli („Il Serse", Paris 1660), Melani, Legrenzi, Bontempi, Freschi, Pasquini, Aldovrandini und Scarlatti, endlich Cantaten (Arien &c.) von Strudella, Steffani, Bononcini, Legrenzi, Ziani u. A. Vom letzten Drittel des 18. Jahrh. ab sind vorzugsweise Bücher über Musik vorhanden, in grosser Menge namentlich Musik-Zeitschriften. — Ein Verzeichniss der zahlreichen gedruckten Kataloge siehe Delisle: Manuscrits latins et français, ajoutés aux fonds des nouv. acquisitions ... Paris 1891, Seite LV—LXXX.

Paris, Bibliotèque musicale du Théâtre de l'Opéra. Enthält ca. 700 Partituren von Opern und Balletten aus der 2. Hälfte des 17. Jahrh. (Lully) bis zur Gegenwart. Zum grösseren Theile bezieht sich der Bestand auf die in der grossen Oper zu Paris aufgeführten Werke, ca. 150 Partituren aber auf Bühnenstücke, die dort nicht zur Darstellung gelangt sind. Unter den Letzteren allein sind Adolphe Adam mit 8, Auber mit 9, Donizetti mit 19, Monsigny mit 6, Rossini mit 9 Partituren vertreten. Autographe finden sich in grosser Anzahl. Wir erwähnen nur Gluck („Orpheus", Act 1 und 4 zu „Armida"), Cherubini (grosse Theile aus „Armide" und „Medea"), Rossini (Fragmente aus „Wilhelm Tell" und „Belagerung von Corinth"), Donizetti (Theile aus „la Favorite"), Spontini (6 nahezu vollst. Partituren, darunter „Ferdinand Cortez", „Olympia" und „Vestalin") endlich Meyerbeer (bedeutende Theile aus „Robert der Teufel", „Hugenotten" und „Afrikanerin"). — Vergl. de Lajarte: Bibliothèque musicale du Théâtre de l'Opéra. Vol. 1. 11. Paris 1878.

Paris, Bibliothèque de la Ville. Sammlung von Büchern über Pariser Theatergeschichte.

Paris, Bibliothèque Sainte-Geneviève. Enthält u. A. eine für die Entwickelung der Notenschrift wichtige Handschrift aus dem 11. Jahrh. und eine beträchtliche Sammlung von theoretischen Schriften, sowie auch von Opern des 18. und 19. Jahrh. — Vergl. Poirée et Lamouroux: Catalogue abrégé de la Bibl. S. G. Paris 1891.

Rouen, Bibliothèque municipale. Besitzt ausser einigen liturgischen Büchern vom 9.—11. Jahrh., eine Anzahl Opernpartituren (Collection Boudry) und Kirchenmusik (Collection Bachelet), vorwiegend aus dem 18. und 19. Jahrh. — Vergl. Omont: Catalogue des manuscrits (T. I. II. du Cat. général, nouv. série). Licquet: Cat. de la Bibl. de Rouen, 2 vols.

Tours, Bibliothèque de la Ville. Ein Sacramentarium aus dem 9.—10. Jahrh. mit französischen Accentneumen, ferner eine Handschrift, enthaltend geistliche Schauspiele aus dem 12. Jahrh. — Vergl. Dorange: Cat. des manuscrits de la Bibl. de Tours.

Valenciennes, Bibliothèque de la Ville. Eine Anzahl handschriftlicher Tractate aus dem 10.—11. Jahrh. (Hucbald, Isidor von Sevilla, St. Augustin) und einige gedruckte theoretische Werke aus dem 17. Jahrh. — Vergl. Molinier: Cat. des manuscrits (T. XXV du Cat. général, p. 189—533). Siehe auch Anhang zu Coussemaker's Notice sur les Coll. mus. de la Bibl. de Cambrai, Paris 1843.

Belgien und Holland.

Amsterdam, Maatschappij tot Bevordering der Toonkunst. Eine zwar kleine, doch vortrefflich gewählte und speciell die Entwickelung niederländischer Tonkunst berücksichtigende Sammlung theoretischer Werke des 16. 19. Jahrh. Unter der practischen Musik eine Anzahl von Drucken aus dem 16. und 17. Jahrh., vorzüglich von italienischen Autoren. — Vergl. Catalogus van de Bibl. d. Maatschappij tot Bev. d. Toonkunst. Amsterdam 1884.

Antwerpen, Museum Plantin-Moretus. Enthält einige Plantin-Musikdrucke des 16. Jahrh. — Vergl. M. Rooses: Catalogue du Musée Plantin-Moretus. 4. Ed. Anvers 1893.

Audenaarde s. Oudenaarde.

6 *

Brüssel, Bibliothèque royale. Eine der bedeutenderen Sammlungen für practische Musik des 16.—19. Jahrh. Den Grundstock bilden die 7325 Nummern umfassenden Bestände der Bibliothek Fétis' und die an Musik des 16. und 17. Jahrh. (besonders an niederländischen-, Pariser- und Venetianerdrucken) beträchtliche Sammlung Hulthem's. Die theoretische Literatur besteht aus ca. 4500 Werken aus dem 16.—19. Jahrh., die practische aus etwa 2500 Nummern vom Ende des 15. Jahrh. bis ca. 1850. Stark vertreten sind in der Letzteren namentlich die Werke für Liturgie (ausser einem Codex aus dem 12. Jahrh. ca. 500 Nummern), die geistlichen und weltlichen Vocalcompositionen, sowie endlich die Opernmusik. Von Opernpartituren sind über 100 von italienischen Autoren (1683—1830) und ca. 170 von französischen Meistern vorhanden, darunter 18 von Lully, 15 von Grétry, 10 von Auber und 6 von Halévy. Unter den Seltenheiten einige Petrucci-Drucke (von 1503 und 1504), sowie eine Reihe frühester Musikdramen: Peri's „Euridice", Monteverdi's „Orfeo", Vitali's „Intermedi, fatti per la Commedia degl' Accademici Inconstanti" (Firenze 1623)*) und Rossi's „Erminia sul Giordano". — Vergl. Catalogue de la Bibliothèque de F. J. Fétis, acquise par l'État Belge. Paris 1877. Dgl. Bibliotheca Hulthemiana, Gand 1836 (Vol. II).

Brüssel, Conservatoire royale de Musique. Enthält in ihrem bedeutenderen Theile etwa 750 Opernpartituren, fast ausschliesslich (nur Lully ausgenommen) aus dem 18. und 19. Jahrh. Speziell für die französische Opernliteratur dieser Zeit die reichhaltigste belgische Sammlung. Vorhanden sind u. A. 15 Partituren von Lully, 12 von Rameau, 38 von Hasse, 12 von Duni, 11 von Gluck, 13 von Philidor, 8 von Monsigny, 31 von Grétry, 33 von Dalayrac, 8 von Cherubini, 14 von Berton, 18 von Méhul, 7 von W. Müller, 14 von Paer, 19 von Isouard, 11 von Boieldieu, 33 von Auber, 5 von Hérold, 9 von Halévy, 7 von Meyerbeer, 12 von Rossini und endlich 8 von Adam. Vergl. M. van Lampéren: Catalogue de la Bibliothèque du Conserv. r. de Musique de Bruxelles, Bruxelles 1870.

Gent, Stadt- und Universitäts-Bibliothek. In ihrer liturgischen Abtheilung einige Codices aus dem 10.—12. Jahrh., darunter ein Missale mit Accentneumen. Unter den gedruckten Musikwerken eine Anzahl Phalesius- und Gardano-Drucke aus dem Ende des 16. und 17. Jahrh. (Ein Unicum in Monteverdi's „Lamento d'Arianna", Ven. 1623. — cf. Vogel, Bibliothek der gedr. weltl. Vocalmusik I, 518.) Die theoretische Literatur umfasst eine handschriftliche Sammlung von Tractaten Guido's,

---

*) Nur in diesem einen Exemplar bekannt. Vergl. Vogel, Bibl. der gedr. weltl. Vocalmusik, II. S. 332.

Joh. de Musis', Tinctoris' u. A. — Ueber die Letzteren vergl. J. de Saint-Genois: Catalogue méthodique et raisonné des manuscrits de la Bibl. de la Ville et de l'Université de Gand, Gand 1849—52. Siehe auch Monatshefte für Musikgeschichte 1873 S. 62.

Im Haag, Koninklijke Bibliotheek. Für Musik unbedeutend, erwähnenswerth nur ein Livre XII d'Airs de diff. autheurs à 2 parties. Paris, Ballard 1669.

Im Haag, Bibliothek des Herrn Scheurleer, Privatsammlung. Eine vortreffliche Auswahl von theoretischen Schriften von 1492 bis zur Neuzeit, namentlich werthvoll für Bibliographie, Zeitschriftenliteratur, Geschichte und Biographie. Der practische Theil besteht aus gedruckten Werken vom 16. bis 19. Jahrh. Reichhaltig und durch manche Seltenheiten vertreten sind besonders die Volks- und Gesellschaftslieder, die hymnologische Abtheilung, die geistliche und weltliche Vocalmusik und die ältere französische Opernliteratur. — Vergl. Catalogus der Muziekbibliotheek van D. F. Scheurleer [2. Ausgabe.] 's Gravenhage 1893.

Leiden, St. Pieterskerk. Besitzt 6 Chorbücher mit mehrstimmiger Musik aus dem 16. Jahrh., beschrieben von Land in den „Bouwsteenen", 3. Jaarboeck (1874—81), S. 37 ff.

Leiden, Rijks Universiteit, Bibliotheek. Einige liturgische Codices vom 10., 11. und 15. Jahrh., eine Sammlung „Souter Liedekens" (1539 ff.), Joh. Alb. Ban's „Zangh-Bloemzel" (Amsterdam 1642) und aus der 1. Hälfte des 18. Jahrh. eine kleine Anzahl meist gedruckter Kammermusik. — Vergl. über die Letztere „Bouwsteenen", 3. Jaarboeck, S. 111 ff.

Lüttich, Conservatoire royal de musique, Bibliothèque. Enthält Instrumental- und Vocalmusik aus dem 18. und 19. Jahrh. — Vergl. Catalogue de la Bibliothèque musicale de la Société libre d'Emulation de Liège. Liège 1861.

Oudenaarde, Ste Walburge. Zum grössten Theile geistliche Vocalmusik aus dem 18. Jahrh. — Vergl. Liste générale de la musique appartenant à l'église paroehiale de Ste Walburge à Audenarde. Audenarde (s. a.).

Turnai, Bibliothèque de la Cathédrale. Besitzt eine 3stimmige Messe aus dem 13. Jahrh. (In moderner Notation herausgegeben von Coussemaker: Messe du XIIIe siècle, Tournai 1861.)

Grossbritannien und Irland.

Vergl. Bibliotheca musico-liturgica (Publication of The Plainsong and
Medieval Music Society) London 1895.

Cambridge, Fitzwilliam Museum. Enthält in einem Manuscript (irr-
thümlich als „Queen Elizabeth's Virginal Book" bekannt) die bedeutendste
Sammlung englischer Instrumentalmusik[*]) des 17. Jahrh. Im Uebrigen
hauptsächlich handschriftliche Musik des 18. Jahrh., Opern, Operntheile,
Oratorien, Kammerduette, Arien &c. Aus derselben Zeit endlich eine
Anzahl handschriftlicher Partituren von Meistern des 16. und 17. Jahrh.
Die gedruckte Musik umfasst nur 196 Werke, zum grössten Theile
aus dem 18. Jahrh. Unter den Autographen eine Anzahl Motetten
von Carissimi und eine beträchtliche Händel-Sammlung. — Vergl.
Fuller-Maitland and Mann: Catalogue of the Music in the Fitzwilliam
Museum. London 1893.

Cambridge, Magdalene College (Pepysian Library). Vorwiegend practische
Werke englischer Componisten aus der 1. Hälfte des 17. Jahrh.

Cambridge, St. Peter's College. Handschriftliche, geistliche Vocalmusik
englischer Autoren, zumeist aus der 1. Hälfte des 17. Jahrh. — Vergl.
Jebb: Catalogue of ancient choir-books at St. Peter's College. (o. O. u. J.)

Cambridge, Trinity College. Von practischer Musik eine werthvolle
Handschrift englischer Lieder aus dem 15. Jahrh. und einige gedruckte
Werke englischer Meister aus der 2. Hälfte des 17. Jahrh.

Cambridge, University Library. In ihrem Musik betreffenden Theile
einige Drucke und Handschriften (Lautentabulaturen) aus der Zeit um
1600, sowie eine Anzahl gedruckter moderner Musik. Unter den älteren
Drucken Werke von John Amner, East, Byrd, Youll, Morley, Croce,
Palestrina, Belli und Girelli (da Brescia).

Canterbury, Cathedral Library. Practische Musik englischer Componisten,
zumeist aus der 1. Hälfte des 17. Jahrh.

Chester, Cathedral Library. Zum grössten Theile moderne Kirchenmusik.

Dublin, Royal Irish Academy of Music. In ihrem hauptsächlichen Bestande
Partituren klassischer und moderner Autoren.

Edinburgh, University, Music Chair Library. Enthält gedruckte theoretische
Schriften des 16. und 17. Jahrh. und von practischer Musik namentlich
Orchesterpartituren vom letzten Drittel des vorigen und des laufenden
Jahrh. Unter den Autographen Bach's B moll Praeludium und Fuge.

---

*) Eine Neuausgabe, besorgt von Fuller-Maitland und W. Barclay Squire, ist im
Erscheinen begriffen. London-Leipzig, Breitkopf & Härtel.

Ely, Cathedral Library. Eine handschriftliche Sammlung, besonders von englischer geistlicher Vocalmusik aus der 2. Hälfte des 17. und der ersten Hälfte des 18. Jahrh. — Vergl. Catalogue of ancient choral services and anthems preserved among the manuscript scores and part books in Ely Cathedral. Edited by the Rev. W. E. Dickson. Cambridge 1861.

Glasgow, Technical College. Bewahrt seit einigen Jahren die Musikalien-Bibliothek Wm. Euing's (ehemals in Anderson's College). Sie enthält eine beträchtliche Anzahl von theoretischen Schriften (von 1487 an bis zur Neuzeit), eine umfangreiche Sammlung von liturgischen Büchern der englischen Kirche und Musikdrucke aus dem 16.—19. Jahrh. Unter den Drucken aus dem 17. Jahrh. einige Seltenheiten: Montesardo, Palazzotti und Barbara Strozzi (cf. Vogel, Bibliothek d. gedr. weltl. Vocalmusik Italiens, I. S. 501, II. S. 39 und 235). Die neuere Literatur umfasst hauptsächlich Partituren von Oratorien und Opern. — Vergl. Catalogue of the Musical Library of the late Wm. Euing. Glasgow 1878.

Lincoln, Chapter Library. Eine beträchtliche Menge englischer und italienischer Druckwerke practischer Musik aus der 2. Hälfte des 16. und der 1. Hälfte des 17. Jahrh., zumeist Motetten u. Madrigale. Von seltenen Drucken sind zu erwähnen Cataldo's „Tutti Principii de Canti dell' Ariosto", Gio. Corona's, Rufilo's, sowie Tristabocca's Madrigale. (Vergl. Vogel, Bibliothek der gedr. weltl. Vocalmusik Italiens, I. S. 148, 183. II. S. 178, 253.)

London, British Museum. Enthält die Bibliothek Burney's und des Bassisten Dragonetti. Ist eine der umfangreicheren und werthvolleren Sammlungen für englische, italienische und deutsche Musik vom 16.—19. Jahrh. Abgesehen von einigen liturgischen Codices des 11. und 13. Jahrh., sowie von einem handschriftlichen Canon*) zu 6 Stimmen (ebenfalls aus dem 13. Jahrh.), stammen die Musik bezüglichen Manuscripte aus dem 16.—18. Jahrh. Die Abtheilung der gedruckten Werke enthält ausser einer grossen Anzahl theoretischer Schriften (von 1487 angefangen und bis zur Neuzeit reichend), eine kolossale Menge practischer Musik, namentlich geistlicher und weltlicher Vocalwerke, des 16.—19. Jahrh. Der Bestand an Instrumentalmusik ist im Verhältniss ebenso bedeutend wie der an vocaler Literatur, er enthält in seinem älteren Theile eine Menge von Orgel- und Lautentabulaturen. Von Seltenheiten sind zu nennen u. A. 12 Petrucci-Drucke (wovon 10 in vollständigen Exemplaren), Sim. Boyleau's Madrigale (1546, 1564), Peri's „Euridice" (in der Ausgabe von 1608) und P. Quagliati's „Carro di fedeltà d'amore" (Roma 1611). Unter den Autographen ein starker Band mit Compositionen von Purcell. — Vergl. Catalogue of the Manuscript Music in the British Museum, London 1842. (Entspricht nicht mehr dem heutigen Bestande.)

*) Mitgetheilt in Grove's Dictionary, Vol. II, S. 765.

London, Buckingham Palace, kgl. Privatsammlung. Enthält 87 Bände Händel-Autographe, darunter die Partitur des „Messias", wie sie für Dublin geschrieben, nebst 3 späteren Zusätzen, resp. Umarbeitungen. Mit vielen Autographen ist auch Purcell vertreten. In den wenigen älteren Drucken finden sich zumeist Madrigale (Marenzio, Vecchi, „Musica transalpina" von 1588, Principe di Venosa, Nenna und Rovetta). Unter dem handschriftlichen Bestande aus der 2. Hälfte des 17. Jahrh. eine Menge Steffani'scher Opernpartituren.

London, Huth Collection, Privatbibliothek. Eine Anzahl von Drucken aus dem 16. und 17. Jahrh., vorzugsweise Werke italienischer Madrigalisten.

London, Madrigal Society. Besitzt eine Sammlung italienischer und englischer Madrigale in Drucken aus dem 16. und 17. Jahrh.

London, Matthew Collection, Privatbibliothek. Sie enthält u. A. einige seltene, ältere theoretische Werke (Virdung, Ganassi's „Fontegara", Cerone, Praetorius &c.), sowie eine Anzahl gedruckter englischer Madrigalcompositionen aus der Zeit um 1600. Von ältester Opernliteratur ausserdem noch Peri's „Euridice" (1600).

London, Philharmonic Society. Meist moderne Orchesterwerke, von den Klassikern angefangen. Autographe u. A. von Haydn (3 Symphonien), Cherubini (eine Symphonie) und Mendelssohn (Symphonie Cdur, No. 1).

London, Royal College of Music. Den hauptsächlichsten Theil der Bibliothek des Instituts bilden die Bestände der „Sacred Harmonic Society". Sie sind reichhaltig an theoretischer Literatur, sowie an practischer Musik des 16.—19. Jahrh. Die Werke englischer Componisten sind vorwiegend vertreten, besonders in Madrigalen und in Opern. Unter den Drucken des 16. und 17. Jahrh. finden sich neben Compositionen englischer Autoren auch zahlreiche von italienischen Meistern. Autographe sind vorhanden u. A. von Frescobaldi (ein Brief aus dem Jahre 1609), von Haydn (die unvollendete Oper „Armida") und von Mendelssohn (Partitur der Singstimmen zum „Elias"). — Vergl. Catalogue of the library of the Sacred Harmonic Society. New [3th] Edition, London 1872. Supplement. London 1882.

London, Westminster Abbey, Chapter Library. Enthält zum grösseren Theile handschriftliche Musik italienischer und englischer Autoren aus der 2. Hälfte des 17. und der 1. Hälfte des 18. Jahrh. (Unter den Handschriften der ersteren Zeit 3 Oratorien von Carissimi.) Die gedruckten Werke sind in der Minderzahl, sie betreffen englische und italienische Vocalwerke aus der Zeit von 1550—1700.

Manchester, Chetham Library. Wichtige Materialien für das Studium englischer Volksmusik im 16.—18. Jahrh. — Ein gedruckter Katalog, von Halliwell verfasst, erschien nur als Privatdruck. (Nach Grove.)

Oscott, St. Mary's College. Handschriftliche Partituren von Vocalwerken italienischer Autoren des 16.--18. Jahrh.

Oxford, Bodleian Library. Eine der bedeutenderen Sammlungen für Musikliteratur von 1580—ca. 1720. Von älteren, Musik angehenden Handschriften ein Troparium (mit Litaneien, Hymnen &c), in England zwischen 979 und 1016 geschrieben, ferner ein Codex mit Neumen aus dem 11. Jahrh. und aus der hier gleichfalls befindlichen Bibliothek von Francis Douce eine Sammlung von Troubadourliedern aus dem 14. Jahrh. Der Schwerpunkt der Musikabtheilung liegt in der Literatur des 17. Jahrh. Ausser einer Anzahl handschriftlicher und gedruckter (theilweis seltener) theoretischer Schriften des 15.—19. Jahrh. eine beträchtliche Sammlung gedruckter Musik aus den beiden letzten Jahrzehnten des 16., dem ganzen 17. und den ersten beiden Jahrzehnten des 18. Jahrh. Dazu endlich eine Anzahl handschriftlicher Musik aus der 2. Hälfte des 17. Jahrh. Mit gedruckten Werken sind in erster Linie vertreten die englischen Componisten für Madrigal- und Kammermusik, in zweiter Linie für die gleichen Compositionsgattungen die Italiener: Palestrina, Croce, Pallavicino, Marenzio, Vecchi, Frescobaldi, Landi, Rovetta, Albergati, Bassani &c. Frescobaldi ist mit seinem Erstlingswerke, dem lange Zeit gesuchten fünfstimmigen Madrigalbuche (Anversa 1608) vertreten, Landi durch den „S. Alessio" (Roma 1634). Unter den Manuscripten aus der 2. Hälfte des 17. Jahrh. finden sich Carissimi, Aless. Scarlatti und eine Anzahl französischer Lautentabulaturen, enthaltend Tänze von Gautier (le Vieux, — de Lyon, — de Paris) Mouton, Julien Dufaux u. A. — Vergl. Cat. Codicum Mss. I—XIII Oxon. 1848—86. Ferner Catalogue of printed books and Mss. bequ. by F. Douce. Oxford 1840.

Oxford, Christ Church. Neben dem British Museum die umfangreichste und zugleich wichtigste Musikbibliothek Grossbritanniens für englische und italienische Literatur des 16. und 17. Jahrh. Die Werke englischer Componisten sind zumeist in Handschriften vorhanden, die der Italiener in Drucken (etwa von der 2. Hälfte des 16. Jahrh. ab bis 1663) und gleichfalls in Handschriften. Den grössten Theil der gedruckten Werke bilden Madrigale, den kleineren geistliche Vocalmusik. Hervorragend sind vertreten namentlich Marenzio, Pallavicino, Monteverdi, Nenna, der Principe di Venosa, Sigism. d'India und Radesca da Foggia. Mit verhältnissmässig vielen Werken auch die Monodisten; wir finden Caccini, Barberino, Bonini, Cifra, Fornaci, Cecchino, Bened. Ferrari und Vitali. Unter den seltenen Drucken eine reiche Sammlung Chansons (Paris 1538--1540, Louvain 1556—1569). Die handschriftlichen Musikalien enthalten in ihrem werthvolleren Bestande 24 Anthems von Orl.

Gibbons, fast ebensoviele von John Goldwin, einige Opern von Purcell und eine Menge Cantaten von Carissimi, Luigi Rossi, Cesti und Aless. Scarlatti.

Oxford, Music School. Besitzt eine handschriftliche und theilweise gedruckte Sammlung englischer Compositionen aus dem 16.—19. Jahrh.

Ripon, Minster Library. Aus dem Anfange des 16. Jahrh. einige liturgische Werke der englischen Kirche.

Tenbury, St. Michael's College. Enthält die Bibliothek des verstorbenen Oxforder Musikprofessors Sir Frederick Gore Ouseley. Unter den 2000 Nummern ihres Bestandes befinden sich seltene theoretische Werke vom Ende des 15. Jahrh. an, sowie handschriftliche Partituren von Vocalwerken italienischer Meister des 16. und 17. Jahrh., zum Theil aus der Sammlung Santini's. (Vergl. Bibl. in Münster i. W.) Die Druckwerke der practischen Abtheilung enthalten eine Anzahl Stimmbücher, zumeist italienischer Componisten des 16. und 17. Jahrh. und eine beträchtliche Menge von Opernpartituren älterer französischer Meister. Als das werthvollste Manuscript der Bibliothek darf gewiss eine Abschrift des „Messias" gelten: Händel's Handexemplar, in das derselbe drei vollständige Arien (meist Transpositionen in andere Stimmlagen) eigenhändig eintrug. Unter den übrigen Autographen Orl. di Lasso, Orazio Benevoli, Blow, Croft, Bononcini, Boyce, Arnold, Mozart, Paganini, Mendelssohn u. A.

York, Minster Library. Handschriftliche und gedruckte Musik, zumeist vom 17. und 18. Jahrh. Ausser Werken englischer Componisten auch solche von Deutschen und Italienern.

Dänemark und Schweden.

Finspong in Schweden, Bibliothek. In ihrem Musik betreffenden Theile eine kleine Sammlung von Druckwerken meist italienischer Componisten aus der Zeit um 1600. — Vergl. Lundstedt, Catalogue de la bibliothèque de Finspong. Stockholm 1883.

Kopenhagen, kgl. Bibliothek. Enthält eine Anzahl handschriftlicher deutscher Orgeltabulaturen aus dem 17. Jahrh. und eine Sammlung gedruckter italienischer Compositionen aus dem Ende des 16. und dem Anfange des 17. Jahrh. Dazu einige seltene Kopenhagener und Antwerpener Drucke. (Swelingh, Brachrogge u. A.) — Für den handschriftlichen Theil vergl. H. Panum's Aufsatz „Melchior Schildt". (Monatshefte für Musikgeschichte 1888, S. 27 ff.)

Stockholm, Musikalische Akademie. Besitzt ausser einer hauptsächlich aus modernen Werken bestehenden Musiksammlung einige Drucke aus dem 16. und 17. Jahrh., darunter „Israels Krönlein" von J. H. Schein (Leipzig 1623).

Upsala, Universitäts-Bibliothek. Der Musikbestand umfasst eine bedeutende Menge von Drucken aus dem 16. und 17. Jahrh., sowie eine handschriftliche Abtheilung von vorzüglich vocalen Werken des 17. und 18. Jahrh. Die Letzteren, zumeist aus dem Nachlasse der Familie Düben, enthalten über 100 Buxtehude-Autographen. Unter den Drucken eine Menge von Chansons und Madrigalen, zumeist von französischen und italienischen Autoren. — Vergl. Catalogus librorum impressorum Bibliothecae Regiae Academiae Upsalensis. Upsaliae 1814. (Musici pag. 1011 — 1040.) Desgl. C. Stiehl: Die Familie Düben und die Buxtehude'schen Manuscripte auf der Bibl. zu Upsala. (Monatshefte für Musikgeschichte 1889, S. 2 ff.)

Westerås, Gymnasialbibliothek. Eine kleine Anzahl gedruckter Musikalien aus dem 16. und 17. Jahrh.

Russland.

Petersburg, Bibliothek der kaiserl. Hofkapelle. Besitzt etwa 5000 Nummern, hauptsächlich von moderner Orchestermusik.

Petersburg, Kaiserliche öffentliche Bibliothek. Enthält, soweit in Erfahrung gebracht werden konnte, nur wenig mehr als einige Partituren von Opern aus dem 18. Jahrh. (Ciampi, Sarti &c.)

Petersburg, Musikalische Central-Bibliothek der Direction der kaiserl. Theater. Ist eine der reichsten Sammlungen für Opernliteratur des 18. und 19. Jahrh. Bestand 1892: 1354 Partituren, wovon 224 von russischen, 450 von französischen, 143 von deutschen und 537 von italienischen Opern.

Zehn bisher ungedruckte Briefe
von
Franz Schubert.

Herausgegeben von Max Friedlaender.

Es wird gebeten, die Briefe nicht nachzudrucken.

1. Brief an den Freundeskreis in Wien.

Den 8. Sept. 1818.

Lieber Schober! Lieber Spaun! Lieber Mayrhofer! Lieber Senn!
Lieber Streinsberg! Lieber Wayss! Lieber Weidlich!

Wie unendlich mich eure Briefe sammt und sonders freuten,
ist nicht auszusprechen! Ich war eben bei einer Oehsen- und
Kuh-Licitation, als man mir euren wohlbeleibten Brief über-
reichte. Ich brach ihn, und ein lautes Freudengeschrey erhob
ich, als ich den Nahmen Schober erblickte. Unter immer-
während em Gelächter und kindischer Freude las ich sie in einem
benachbarten Zimmer. Es war mir, als hielt ich meine theuren
Freunde selbst in Händen. Doch ich will euch in aller Ordnung
antworten:

Lieber Schober!

Ich sehe denn schon, es bleibt bey dieser Nahmens Ver-
wandlung. Also, lieber Schober, dein Brief war mir von Anfang
bis zum Ende sehr lieb und kostbar, besonders aber das letzte
Blatt. Ja ja das letzte Blatt setzte mich in volles Entzücken,
du bist ein göttlicher Kerl (: versteht sich im schwedischen :)

und glaub es mir, Freund, du wirst nicht unterliegen, denn dein Sinn für die Kunst ist der reinste, wahrste, den man sich denken kann. Dass du diese Veränderung eine kleine nanntest, gefiel mir recht wohl, du standst ja schon lange mit einem Fusse in unserer Hölle. — Dass die Operisten in Wien jetzt so dumm sind und die schönsten Opern ohne meinen aufführen, versetzt mich in eine kleine Wuth. Denn in Zeléz muss ich mir selbst alles seyn, Compositeur, Redacteur, Auditeur und was weiss ich noch alles. Für das Wahre der Kunst fühlt hier keine Seele, höchstens dann und wann (:wenn ich nicht irre:) die Gräfinn. Ich bin also allein mit meiner Geliebten, und muss sie in mein Zimmer, in mein Klavier, in meine Brust verbergen. Obwohl mich dieses öfters traurig macht, so hebt es mich auf der andern Seite desto mehr empor. Fürchtet euch also nicht, dass ich länger ausbleiben werde, als es die strengste Nothwendigkeit erfordert. Mehrere Lieder entstanden unter der Zeit, wie ich hoffe, sehr gelungen. Dass der griechische Vogel in Oberoesterreich flattert, wundert mich nicht, da es sein Vaterland ist, und er Ferien hat. Ich wollte, ich wäre bey ihm. Dann würde ich gewiss meine Zeit gut zu (unleserliches Wort) schlagen. Aber dass du, der du doch von Haus aus ein gescheidter Kerl bist, glaubst, mein Bruder flattere eben dort ohne Wegweiser ohne angenehmer Bekanntschaft herum, wundert mich sehr, 1tens weil ein Künstler am liebsten sich selbst überlassen ist, 2tens weil es in Oberösterreich zu viele schöne Gegenden gibt, als dass er nicht die schönsten finden könnte, 3tens weil er an H. Horstmeyer in Linz eine sehr angenehme Bekanntschaft hat. Er ist also ganz gewiss an seinem Platz.

Wenn du mir Maxen ohne Hypochondrie grüssen kannst, so wird es mich unendlich freuen, und da du auch bald deine Mutter und Schwester sehen wirst, so melde meine Verehrung. Es kann vielleicht seyn, dass dieser Brief dich in Wien nicht mehr antrifft, indem ich ihn erst in den ersten Septembertagen an denen du reisest, erhielt. Ich werde ihn

dir nachschicken lassen. — Unter andern freuts mich recht
sehr, dass dir die Milder nicht ersetzt werden kann, mir geht
es auch so. Sie singt am schönsten und trillert am schlechtesten.

Nun eine Beschreibung für alle:

Unser Schloss ist keins von den grössten, aber sehr
niedlich gebaut. Es wird von einem sehr schönen Garten um-
geben. Ich wohne im Inspectorat. Es ist ziemlich ruhig, bis
auf einige 40 Gänse die manchmahl so zusammenschnattern,
dass man sein eigenes Wort nicht hören kann. Die mich
umgebenden Menschen sind durchaus gute. Selten wird irgend
ein Grafen-Gesinde so gut zusammen gehen, wie dieses. Der
II. Inspector, ein Slavonier, ein braver Mann, bildet sich viel
auf seine gehabten Musiktalente ein. Er bläst jetzt noch auf
der Laute zwey $^3/_4$ Deutsche mit Virtuosität. Sein Sohn ein
studirender Philosoph, kam gerade auf die Ferien, ich wünsche
ihn recht lieb zu gewinnen. Seine Frau ist eine Frau wie
alle Frauen die gnädig heissen wollen. Der Rentmeister passt
ganz zu seinem Amte, ein Mann mit ausserordentlichen Ein-
sichten in seine Taschen und Säcke. Der Doctor, wirklich ge-
schickt, kränkelt mit 24 Jahren wie eine alte Dame. Sehr
viel Unnatürliches. Der Chirurgus, mir der liebste, ein achtbarer
Greis von 75 Jahren, stets heiter und froh. Gott gebe jedem
ein so glückliches Alter. Der Hofrichter, ein sehr natürlicher,
braver Mann. Ein Gesellschafter des Grafen, ein alter lustiger
Geselle, und braver Musikus, dient mir oft zur Gesellschaft.
Der Koch, die Kammerjungfer, das Stubenmädchen, die Kindsfrau, der Beschliesser etc. 2 Stallmeister, sind gute Leute.
Der Koch ziemlich locker, die Kammerjungfer 30 Jahr alt,
das Stubenmädchen sehr hübsch, oft meine Gesellschafterin, die
Kindsfrau eine gute Alte, der Beschliesser mein Nebenbuhler.
Die 2 Stallmeister taugen viel besser zu den Pferden als zu
den Menschen. Der Graf, ziemlich roh, die Gräfinn stolz, doch
zarter fühlend, die Contessen gute Kinder. Vom Braten bin
ich bisher verschont geblieben. Nun weiss ich nichts mehr;
dass ich mit meiner natürlichen Aufrichtigkeit recht gut bey

allen diesen Leuten durchkomme, brauche ich euch, die ihr mich kennt, kaum zu sagen.

Lieber Spaun, ich freute mich wahrlich recht herzlich, dass du einmal Paläste bauen kannst, worin junge kleine Hofconcipisten herumspringen. Du wirst vermuthlich ein Sing-Quartett meinen. Grüsse mir H. Gahy.

Lieber Mayerhofer, meine Sehnsucht nach dem November wird deiner nicht viel nachgeben. Höre auf zu kränkeln, wenigstens zu mediciniren, so gibt sich das andere von selbst.

Der Hans Senn beliebe zu lesen: wie oben. Der Freund Streinsberg möchte schon gestorben seyn; darf also nichts schreiben. Freund Weidlich flicke seinen Nahmen an einen Rockzipfel.

Der gute Waiss erinnert sich meiner mit Dankbarkeit, ist ein braver Mann.

Und nun lieben Freunde, lebt alle recht wohl, schreibt mir ja recht bald. Es ist meine theuerste, liebste Unterhaltung eure Briefe zehnmal zu lesen. Grüsst meine lieben Ältern, und meldet meine Sehnsucht nach einem Brief von Ihnen.

Mit ewiger Liebe Euer treuer Freund

Frz. Schubert.

Meine Adresse:

An H. H. Grafen Johann Esterhazy in Zeléz.

Über Raab und Torok.

Anmerkung.

Der Brief ist aus Zeléz in Ungarn, dem Stammschlosse des Grafen Johann Esterhazy, datirt. Schubert hatte im Frühsommer des Jahres 1818 eine Stellung als Musiklehrer der gräflichen Familie angenommen und befand sich seit Juli im Schlosse, wo er bis zum Winter blieb.

Die Familie des Schlossherrn war nicht ohne künstlerische Interessen. Mit dem Hausfreunde Baron Schönstein — dem trefflichen Sänger, dem Schubert später die Müllerlieder widmete — bildeten Graf Esterhazy und seine beiden Töchter ein Vocalquartett, das sich hören lassen konnte. Die Gesang- und Clavierlectionen, die der junge Lehrer zu ertheilen hatte,

mögen keine gar zu grosse Last für ihn gewesen sein, da die Comtessen
ebenso unsikalisch begabt wie liebenswürdig waren. Vor allem hatte
Schubert aber die Annehmlichkeit gelockt, dass er sich nicht nur zum
ersten Male in seinem Leben materiell sicher gestellt fühlte, sondern sogar
Ersparnisse machen konnte. So waren in Zéléz manche Bedingungen zu
einem behaglichen Dasein für Schubert geboten. Fünf Wochen vor
unserm Briefe hatte er demselben Freundeskreise geschrieben, er befände
sich im Schlosse wohl, componire wie ein Gott, und es gelängen ihm die
besten Lieder, da er ja ohne Sorge sei. „Jetzt lebe ich einmal, Gott sey
Dank es war Zeit, sonst wäre noch ein verdorbener Musikant aus mir
geworden", so heisst es in jenem Briefe vom 3. August.

Diese rosige Stimmung hielt aber, wie das uns vorliegende
Schreiben zeigt, nicht lange an. Wie wenig selbstbewusst auch Schubert
war, so regte sich doch nach und nach sein Künstlerstolz, und er empfand
die unwürdige Behandlung, die ihm im Schlosse zu Theil wurde, mit
jedem Tage peinlicher. Als Musiklehrer gehörte er zum Grafengesinde,
das vom Hausherrn nicht immer zart angelassen wurde. Bezeichnend
sind die Worte unseres überbescheidenen und in seinem bisherigen Leben
wahrlich nicht verwöhnten Künstlers: „Vom Braten bin ich bisher
verschont geblieben." Der für den Musikunterricht des Hauses ge-
dungene Bediente wurde also seinem Range entsprechend aus der Gesinde-
küche verpflegt.

Auch geistige und gemüthliche Anregungen begann Schubert aufs
Schmerzlichste zu vermissen, und den Umschlag der Stimmung nach
dieser Richtung hin zeigt am Besten das Schreiben, das er einige Wochen
später an seinen Bruder Ferdinand richtete:

„Wenn ich die Leute um mich herum nicht alle Tage besser kennen
lernte, so ging es mir noch ebenso gut, wie anfangs. So sehe
ich aber, dass ich unter diesen Menschen doch eigentlich allein
bin, bis auf ein paar wirklich brave Mädchen ausgenommen.
Meine Sehnsucht nach Wien wächst täglich."

Um so lieber mögen die Gedanken des Künstlers bei dem Wiener
Freundeskreise verweilt haben, der ihm so oft Geist und Herz erquickt
hatte. Die drei Intimsten stehen in unserem Briefe vorn an: Franz von
Schober, aus Torup in Schweden gebürtig, der Schubert als Hausgenossen
aufgenommen und dadurch der Schullehrermisère entrissen hatte, dann die
beiden alten Freunde von der Schulzeit her: Joseph von Spaun und
Johann Mayrhofer. Beide glänzende Typen des vormärzlichen österreichi-
schen Beamtenstandes: im Berufe tüchtig und zuverlässig, daneben im
hohen Grade künstlerisch gebildete und von echtem Idealismus durch-
glühte Männer. Von Schober's und Mayrhofer's Gedichten sind durch
Schuberts Musik eine grosse Anzahl allgemein bekannt geworden —

weniger bekannt die ebenfalls von Schubert componirten schönen Verse Hans Senn's, des vierten Adressaten, dessen tragisches Poetenschicksal später so tiefe Theilnahme erwecken sollte.

Zu diesen Intimsten gesellte sich der in unserem Briefe erwähnte berühmte Barytonist Michael Vogl. Der gefeierte Liebling des Wiener Publikums war zugleich ein Mann von umfassender Bildung, und unter seinen Freunden und Collegen erregte es oft Aufsehen, dass er seine geliebten griechischen und römischen Classiker selbst in die Theatergarderobe mitnahm, um sich in den Zwischenacten in ihr Studium zu vertiefen. Neben dem „griechischen Vogl", wie ihn Schubert nennt, war die im vorliegenden Briefe erwähnte bekannte Sängerin Anna Milder-Hauptmann die Zierde der Wiener Hofoper.

Schubert berichtet von „sehr gelungenen Liedern", die in Zéléz entstanden. Von ihnen sind die Litanei (Ruh'n in Frieden, alle Seelen) und der Blumenbrief allgemein bekannt geworden, nicht so sehr die Einsamkeit (Gieb mir die Fülle), die der Componist selbst für eines seiner besten Lieder hielt.

Dass die Wiener Theatervorstände sich gegen die dramatischen Productionen des unbekannten Anfängers spröde verhielten, kann nicht Wunder nehmen. Fünf solcher Werke des einundzwanzigjährigen Schubert lagen bereits fertig vor: Die Operetten der vierjährige Posten von Theodor Körner, des Teufels Lustschloss von Kotzebue, die Spiegelritter von demselben, und die Singspiele die Freunde von Salamanka von Mayrhofer und Claudine von Villa Bella von Goethe.

------

2. Brief an Joseph von Spaun.

Wien, den 7. December 1822.

Lieber Spaun!

Ich hoffe Dir durch die Dedication dieser drey Lieder eine kleine Freude zu machen, die Du aber so sehr an mir verdient hast, dass ich Dir wirklich und ex officio ein ungeheure machen sollte und auch würde, wenn ich es im Stande wäre. Auch wirst Du mit der Wahl derselben zufrieden sein, indem ich die wählte, die Du selbst angegeben hast. Nebst diesem Heft erscheinen zu gleicher Zeit noch 2 andere, wovon eines schon gestochen ist, und ich Dir auch ein Exemplar beygelegt habe, und das andere eben gestochen wird. Das erste von diesen enthält, wie Du sehen wirst, die 3 Gesänge des Harfners, wovon das 2te: Wer nie sein Brot mit Thränen ass, neu ist, und ist dem Bischof zu St. Pölten gewidmet, das andere enthält, wie Du nicht sehen wirst, die Suleika und Geheimes, und ist dem Schober dedicirt. Nebst diesem habe ich auch eine Fantaisie für's Pianoforte auf 2 Hände componirt, welche ebenfalls im Stich erscheint und einem reichen Particulier gewidmet ist. Auch habe ich einige neue Lieder von Göthe componirt, als: der Musensohn, an die Entfernte, am Flusse, und Willkommen und Abschied. — Mit der Oper ist es in Wien nichts, ich habe sie zurück begehrt und erhalten, auch ist Vogl wirklich vom Theater weg. Ich werde sie in Kurzem entweder nach Dresden, von wo ich vom Weber einen vielversprechenden Brief erhalten, oder nach Berlin schicken. — Meine Messe ist geendiget, und wird nächstens producirt werden; ich habe noch die alte Idee, sie dem Kaiser oder der Kaiserinn zu weihen, da ich sie für gelungen halte. — Nun habe ich Dir alles, was ich von mir und meiner Musik Neues sagen konnte, gesagt, nun noch eins von einem andern. Libussa, eine grosse Oper von C. Kreutzer, ist dieser Tage zum erstenmahl gegeben worden, und gefiel. Besonders soll der 2te Akt schön seyn, ich habe nur den 1ten gehört, der mich kalt liess.

Und nun, wie geht es Dir? Da ich gewiss hoffe, gut, so konnte ich wohl so spät fragen. Wie befindet sich Deine Familie? Was macht Streinsberg? Schreib mir das alles ja recht bald. Mir ging es sonst ziemlich gut, wenn mich nicht die schändliche Geschichte mit der Oper so kränkte. Mit Vogl habe ich, da er nun vom Theater weg ist, und ich also in dieser Hinsicht nicht mehr genirt bin, wieder angebunden. Ich glaube sogar mit ihm oder nach ihm diesen Sommer wieder hinauf zu kommen; worauf ich mich recht freue, indem ich Dich und Deine Freunde wieder sehen werde. — Unser Zusammenleben in Wien ist jetzt recht angenehm, wir halten bei Schober wöchentlich 3mahl Lesungen und eine Schubertiade, wobey auch

Bruchmann erscheint. Und nun, lieber Spaun, lebe recht wohl. Schreibe mir ja recht bald und recht viel, um die unausgefüllte Leere, welche mir deine Abwesenheit immer machen wird, einigermassen zu tilgen. — Grüsse mir alle Deine Brüder, auch Deine Frau Schwester und Ottenwalt recht herzlich, so wie Streinsbergner und andere mehr etc.

Dein treuer Freund

Franz Schubert.

Die Adresse mache in die Rossau in das Schulhaus, Grünthorgasse, indem ich jetzt da wohne.

Äussere Adresse: Von Wien

An den Herrn Joseph Edlen von Spaun, Bancal-Assessor in Linz.

Anmerkung.

Auch in diesem Schreiben hören wir gegen den Schluss eine bewegte Klage Schubert's über Enttäuschungen, die eine Opern-Angelegenheit ihm brachte. Diesmal handelt es sich um „des Teufels Lustschloss". Schubert's Freund Joseph Hüttenbrenner hatte das Werk dem italienischen Impresario Barbaja angeboten, der seit dem December 1821 der Pächter des Wiener Hofoperntheaters war. Barbaja übergab die Partitur seinem Adlatus Grafen Gallenberg, dem durch die Beethoven-Biographie bekannt gewordenen Ballet-Componisten, der Graf aber, in seinem Geschmacke durch und durch italianisirt, erklärte kurz und bündig: er werde Schubert's Oper nur dann im Hoftheater geben lassen, wenn ihm „für die Unkosten und den allfälligen Nichterfolg 10000 fl. garantirt würden". So war auch dieser Plan fehlgeschlagen. Vogl hatte während des ersten Jahres der neuen Direction zugleich mit manchen übrigen guten Kräften die Hofoper verlassen. Barbaja sorgte aber für ausgezeichneten Ersatz und vereinigte auf seiner Bühne das berühmte Gesangs-Ensemble der Grisi, Colbran-Rossini, Mombelli, Fodor, Tamburini, Rubini, Lablache, Haizinger Forti und Henriette Sonntag, mit dem er die neuen italienischen Opern und auch Weber's Euryanthe — diese mit den drei letztgenannten Sängern — zur ersten Aufführung brachte.

Als Weber zu dieser Aufführung im Jahre 1825 nach Wien kam, konnte ihn Schubert einmal sprechen. Da von einer Verbindung der beiden Componisten vor dieser Unterredung bisher nur andeutungsweise etwas bekannt war, so ist der Bericht über ein Schreiben Weber's in

7 *

unserm Briefe von Interesse. Wirklich „vielversprechend" dürften übrigens
Weber's Worte kaum gelautet haben, denn der arme Schubert, der sich
hier so optimistisch ausdrückt, schrieb kaum drei Monate später in recht
eingeschüchterter Weise an einen Gönner: „Dürfte ich Hochdieselben
vielleicht an Ihr so gütiges Versprechen erinnern, das Werk mit einem
wohlwollenden Schreiben an Weber zu begleiten, so wage ich es sogar,
wenn Euer Hochwohlgeboren nicht ungehalten darüber sind, zu bitten,
meine Oper mit einem ähnlichen Schreiben an Freiherrn von Könneritz,
der nach Weber's Nachricht die Leitung des Dresdener Theaters führt,
gütigst vermehren und mir übersenden zu wollen." (Brief an Hofrath
von Mosel vom 28. Februar 1823.)

Die dem Freunde Spaun dedicirten Lieder des opus 13 sind:
Mayrhofer's Alpenjäger, Fouqué's Schäfer und Reiter und Schlegel's jetzt
allbekanntes Lob der Thränen. Die beiden anderen in unserm Briefe
erwähnten Liederhefte haben die Opuszahlen 12 und 14. Das Clavierwerk,
auf das Schubert hinweist, ist die berühmte Wandererphantasie op. 15; sie
trägt die Widmung: à Monsieur Em. Noble de Liebenberg de Zittin."

Die herrliche Messe in As, laut dem Autograph „im September 1822
beendet", hat Schubert leider nicht dem Kaiserpaar widmen können,
denn es war unmöglich, einen Verleger für sie zu finden. Erst 46 Jahre
nach des Componisten Hinscheiden ist sie zur Veröffentlichung gelangt.

Die Lesungen, deren Schubert Erwähnung thut, beziehen sich auf
die Lesegesellschaft, die Franz von Schober, Bruchmann, Kupelwieser,
Schubert und einige andere Bekannte gegründet hatten, um sich mit den
Werken Homer's, Shakespeare's und der deutschen Classiker durch laute
Lectüre noch näher vertraut zu machen. Gewöhnlich las Schober vor.
Leider blieb der Verein nicht lange seinem idealen Zwecke treu. Kaum
fünf Vierteljahre nach unserm Briefe musste Schubert dem Freunde
Kupelwieser schreiben:

„Unsere Lesegesellschaft hat sich wegen Verstärkung des rohen Chors
im Biertrinken und Würstelessen den Tod gegeben."

Viel länger hielten sich dagegen die Schubertinden, wie die
Zusammenkünfte der Freunde Schober, Mayrhofer, Kupelwieser, Schwind,
Doblhoff, Bruckmann nach ihrem geistigen Mittelpunkte genannt wurden.
Man spielte, tanzte — in diesem Kreise entstanden einige der schönsten
Tänze und Märsche Schubert's —, declamirte und musicirte, und es war
nichts Seltenes, dass einer der anwesenden Poeten ein Gedicht improvi-
sirte, zu dem Schubert im Augenblicke die Musik und Kupelwieser oder
Schwind Zeichnungen entwarf. Eine fesselnde Schilderung solcher
Schubertiaden giebt Bauernfeld, der sich im Jahre 1825 dem fröhlichen
Kreise zugesellte, in seinem „Buche von uns Wienern in lustig-gemüth-
lichen Reimlein von Rusticocampius", Leipzig 1858.

8. Brief an Moritz von Schwind.

Zeléz, August 1824.

Lieber Swind!

Endlich ein Brief von Schubert, wirst Du sagen, nach 3 Monathen! — Es ist wahr, es ist schon hübsch lang, aber da mein Leben hier so einfach als möglich ist, so habe ich wenig Stoff Dir oder den Übrigen etwas zu schreiben. Und wenn mich nicht so sehr verlangte, zu wissen, wie es Dir und den andern nähern Freunden geht, insonderheit aber wie es um Schober und Kuppelwieser stünde, würde ich, verzeih' es mir, vielleicht noch nicht geschrieben haben. Wie gedeiht Schober's Unternehmen? Ist Kuppelwieser in Wien oder noch in Rom! Hält die Lesegesellschaft noch zusammen, oder ist sie, wie zu vermuthen, nun gänzlich aufgelöset? Was machst Du??? Ich bin noch immer Gottlob gesund und würde mich hier recht wohl befinden, hätt' ich Dich, Schober und Kuppelwieser bei mir, so aber verspüre ich trotz des anziehenden bewussten Sternes manchmal eine verfluchte Sehnsucht nach Wien. Mit Ende September hoffe ich Dich wieder zu sehen. Ich habe eine grosse Sonate und Variationen zu 4 Händen componirt, welche letztere sich eines besondern Beyfalls hier erfreuen, da ich aber dem Geschmack der Ungarn nicht ganz traue, so überlasse ich's Dir und den Wienern darüber zu entscheiden. Wie geht es Leidersdorf? Geht's vorwärts oder geh'n dem Hund die Haar' aus? Ich bitte Dich beantworte mir alle diese Fragen auf's genaueste und sobald als möglich. Du glaubst nicht, wie ich mich nach einem Schreiben von Dir sehne. Und da von Dir so viel über unsere Freunde, über Wien und tausend andere Sachen zu erfahren ist, von mir aber nichts, so hätte es Dir nichts geschadet, wenn Du mir einiges mitgetheilt hättest, wenn Du anders meine Adresse wusstest. Vor allem Andern lege ich Dir's auf's Gewissen, den Leidersdorf scandaleuse auszumachen in dem er auf meinen Brief weder eine Antwort

noch das Verlangte überschickte. Was soll das heissen? zum
Teufel hinein! Mit den Müllerliedern geht's auch so langsam,
alle 4tel Jahr wird ein Heft gezöt't.

Und nun lebe wohl und grüsse mir, wen Du beyläufig
glaubst, und (: ich sage Dir's :) schreib' mir ja bald, sonst soll
Dich — — —

Dein treuer Freund

Frz. Schubert.

Meine Adresse:

Zeléz in Ungarn über Raab u. Torock beym Grafen
Joh. Esterhazy v. Galantha.

Äussere Adresse:

An Herrn Hr. Moritz v. Schwind (Swind) Mahler an der
Wien im Gasthause zum Mondschein in Wien. Über Torock
und Raab.

Anmerkung.

Dieser Brief führt uns wieder nach Zéléz. Schubert hatte sich in
seiner materiellen Bedrängniss dorthin „leider zum zweiten Male locken
lassen", wie er einen Monat später an Schober schreibt. Die Worte:
„trotz des anziehenden bewussten Sterns" erfordern ein etwas
längeres Verweilen. Sie zeigen, dass in dem Freundeskreise etwas über
eine zarte Neigung des Künstlers für die jüngere Tochter des Schlossherrn bekannt war — eine Neigung, die ihn vielleicht neben den rein
äusserlichen Gründen zur Wiederübernahme sonst unsympathischer Ver-
pflichtungen veranlasst hatte. Gewiss ist, dass die aufblühende Schönheit
der Comtesse Caroline nicht ohne Eindruck auf Schubert geblieben war,
weit übertrieben ist es indessen, wenn der Biograph Kreissle von einer
„poetischen Flamme" schreibt, die „schon beim ersten Zélézer Besuch in
Schubert's Herzen für Gräfin Caroline emporschlug und bis an sein
Lebensende fortloderte." Auf diese Darstellung Kreissle's hin haben
eine Reihe neuerer Musik-Schriftsteller und Schriftstellerinnen die hoffnungs-
lose Liebe des armen Musikers zu der hochgeborenen Comtesse auf das
Romantischste ausgemalt und sie in Parallele mit jenem zarten Verhältnisse
Beethoven's zur Gräfin Guicciardi gestellt, das zu so gefühlvollen Schil-
derungen Anlass gegeben hat.

Zunächst ist nun zu constatiren, dass die Comtesse im Jahre 1808 geboren ist, also zehn Jahre alt war, als Schubert zum ersten Male nach Zéléz kam. Im Laufe der nächsten sechs Jahre war das Kind allerdings zu einem schönen und reizvollen Mädchen herangewachsen, aber lange andauernd oder tiefgehend kann Schubert's Schwärmerei für den „Stern" nicht gewesen sein, denn sonst hätte er sich gewiss nicht in der halb-ironischen, burschikosen Weise darüber geäussert. Auch Bauernfeld, der in seinen Erinnerungen vom Jahre 1869 erwähnt, Schubert sei „zum Sterben in die junge Gräfin Caroline verliebt gewesen", hatte früher (in dem vorerwähnten „Buch von uns Wienern" 1858) die Sache weniger tragisch geschildert:

> Verliebt war Schubert; der Schülerin
> Galt's, einer der jungen Comtessen;
> Doch gab er sich einer ganz Andern hin,
> Um die Andere zu vergessen. —

Wie gedeiht Schober's Unternehmen? Hiermit ist der (bald aufgegebene) Plan des Freundes gemeint, sich der Bühne zu widmen.

Die grosse Sonate, die Schubert erwähnt, ist das bekannte Duo op. 140.

Die Variationen (in As dur) wurden als op. 35 Anfangs d. J. 1825 publicirt. Verlegt sind sie ebenso wie die Müllerlieder durch den Wiener Musikalienhändler Leidesdorf, nach dem sich Schubert in unserm Briefe erkundigt. Das erste Heft der Müllerlieder war bereits im März 1824 erschienen, das fünfte (Schluss-) Heft wurde eben erst gegen Ende des Jahres ausgegeben. Diese Verzögerung erklärt sich aus den geringen materiellen Mitteln des Verlegers, von dem Schubert im März desselben Jahres geschrieben hatte:

„Leidesdorf, mit dem ich recht genau bekannt geworden bin, ist zwar ein wirklich tiefer und guter Mensch, doch von so grosser Melancholie, dass ich beinahe fürchte, von ihm mehr als zuviel in dieser Hinsicht profitirt zu haben; auch geht es mit meinen und seinen Sachen schlecht, daher wir nie Geld haben!"

Diese kurz vorher bei Leidesdorf verlegten „Sachen" sind u. a. die Lieder: Sei mir gegrüsst, Frühlingsglaube, der Zwerg und die Gruppe aus dem Tartarus.

4. Brief an den Kaiser.

Euer Majestät!

Allergnädigster Kaiser!

In tiefster Ehrfurcht wagt der Unterzeichnete die gehorsamste Bitte um allergnädigste Verleihung der erledigten Vice-Hofkapellmeisters Stelle, und unterstützt sein Gesuch mit folgenden Gründen:

1. Ist derselbe von Wien gebürtig, der Sohn eines Schullehrers und 29 Jahre alt.

2. Genoss derselbe die allerhöchste Gnade, durch 5 Jahre als Hofsängerknabe Zögling des k. k. Convictes zu seyn.

3. Erhielt er vollständigen Unterricht in der Composition von dem gewesenen ersten Hofkapellmeister Herrn Anton Salieri, wodurch er geeignet ist, jede Kapellmeisters Stelle zu übernehmen, laut Beylage A.

4. Ist sein Nahme durch seine Gesangs- und Instrumental-Compositionen nicht nur in Wien sondern auch in ganz Deutschland günstig bekannt, auch hat er

5. fünf Messen, welche bereits in verschiedenen Kirchen Wiens aufgeführt wurden, für grössere oder kleinere Orchester in Bereitschaft.

6. Geniesst er endlich gar keine Anstellung und hofft auf dieser gesicherten Bahn sein vorgestrecktes Ziel in der Kunst erst vollkommen erreichen zu können.

Der allergnädigsten Bittgewähr vollkommen zu entsprechen, wird sein eifrigstes Bestreben seyn.

Unterthänigster Diener

Wien, den 7. April 1826.   Franz Schubert.

Äussere Adresse:

An Seine Majestät den allergnädigsten Kaiser.

Darunter:

Franz Schubert, Compositeur in Wien bittet unterthänigst um die allergnädigste Verleihung der Vice-Hofkapellmeisters Stelle. Wohnhaft auf der Wieden No. 100 nächst der Karlskirche 5te Stiege, 2ter Stock.

Die Beilage A lautet:

Dass Hr. Franz Schubert die Tonsetzkunst vollständig erlernet, und bereits sowohl für die Kirche, als für das Theater sehr gute Compositionen geliefert hat; und daher, sowohl in Rücksicht seiner gründlichen Kenntnisse, als in Rücksicht seines moralisch guten Characters, für jede Capell-Meister-Stelle vollkommen geeignet ist, wird hiermit zu seinem Lobe bestätiget.

Ant. Salieri
k. k. Hofkapll Meister.*)

Anmerkung.

Bei dem vacanten Posten handelte es sich nicht etwa um eine Thätigkeit im Hoftheater, sondern um die Musikdirection während der Gottesdienste in der k. k. Hofkapelle in der Burg, also in derselben Kapelle, in der Schubert als Knabe mehrere Jahre hindurch als Sänger gewirkt hatte. Die Kapellmeisterstellung war mit 1000 fl. und einem Wohnungszuschuss von 200 fl. dotirt. Schubert empfing sein Bewerbungsschreiben Ende Januar 1827, also nach dreiviertel Jahren, mit dem Bescheide zurück:

Nachdem S. Majestät die hierin angesuchte Stelle zu besetzen geruhet haben; kann hierüber nichts mehr verfügt werden.

Vom k. k. Hofmusikgrafenamte.

Die Stelle erhielt der k. k. Hoftheaterkapellmeister Joseph Weigl. Von den 5 Messen, die Schubert erwähnt, ist bei seinen Lebzeiten nur eine einzige gedruckt worden. Zu den Wiener Kirchen, die die Messen aufgeführt hatten, gehörte durch Salieri's Schuld leider nicht die k. k. Hofkapelle.

*) Nur Unterschrift und Titel eigenhändig.

5. Brief an Nägeli in Zürich.

Wien, den 4. July 1826.

Euer Wohlgeboren

Haben mich durch Herrn Carl Czerny mit dem ehrenvollen Auftrag bekannt gemacht, für Sie eine Sonate für's Pianoforte zu schreiben, welche Sie in eine Sammlung verschiedener Klavier-Compositionen (unter dem Titel: Ehrenpforte) mit einzurücken gedenken, indem Sie durch meine Amoll-Sonate mit mir befreundet wurden. Nicht nur die günstige Aufnahme dieser Sonate, sondern auch Ihr mir höchst schmeichelhafter Wunsch, machen mich ganz bereit, Ihrem Verlangen, sobald Sie wollen, Genüge zu leisten.

In diesem Falle müsste ich Sie doch ersuchen, mir das Honorar, welches in 120 fl. C. M. besteht, in Wien voraus anzuweisen.

Übrigens war es mir sehr angenehm, mit einer so alten berühmten Kunsthandlung in Correspondenz getretten zu seyn.

Ich verbleibe mit aller Achtung

Ihr Ergebener

Franz Schubert.

Meine Addresse ist:

Auf der Wieden No. 100 im frühwirthischen Hause, 5. Stiege, 2. Stock.

Anmerkung.

Hans Georg Nägeli, der Autor des bekannten Liedes: „Freut euch des Lebens", lebte in angesehener Stellung als Componist, Pädagoge, Schriftsteller und Verleger in Zürich.

Die Sammlung: Ehrenpforte sollte neue Clavierwerke von Beethoven, Weber, Felix Mendelssohn, Spohr, Hummel, Romberg, Moscheles, Czerny u. A. enthalten. Das Unternehmen ist nicht zu Stande gekommen — vielleicht weil die drei ersterwähnten Componisten die Betheiligung, wenn auch in höflichster Form, ablehnten. Die hierhergehörigen Briefe von Weber und Mendelssohn an Nägeli sind in Nohl's „Musiker-Briefen" abgedruckt worden (leider nicht in correcter Weise).

Schubert's im Jahre 1825 componirte Amoll-Sonate war im Frühjahr 1826 als: Première grande Sonate op. 42 im Drucke erschienen. Als keine Antwort von Nägeli kam, wandte sich Schubert nach Leipzig.

6. Brief an Breitkopf und Härtel in Leipzig.

Wien, 12. August 1826.

Euer Wohlgeboren!

In der Hoffnung, dass Ihnen mein Nahme nicht ganz unbekannt ist, mache ich hiermit höflichst den Antrag, ob Sie nicht abgeneigt wären, einige von meinen Compositionen gegen billiges Honorar zu übernehmen, indem ich sehr wünsche, in Deutschland so viel als möglich bekannt zu werden. Sie können die Auswahl treffen unter: Liedern mit Pianoforte Begleitung, — unter Streichquartetten — Klavier-Sonaten, 4 händigen Stücken etc. etc., auch ein Octett habe ich geschrieben. In jedem Fall würde es mir eine besondere Ehre seyn, mit einem so alten, berühmten Kunsthandlungshause in Verbindung zu tretten. In der Erwartung einer baldigen Antwort verbleibe ich mit aller Achtung

Ihr ergebener

Franz Schubert.

Meine Addresse:

Auf der Wieden No. 100, nächst der Karlskirche, 5. Stiege, 2. Stock.

Anmerkung.

Die Antwort lautete:

Leipzig, 7. September 1826.

„Euer Wohlgeboren gütige Geneigtheit, uns einige Werke Ihrer Composition zur Herausgabe zu überlassen, erwiedern wir mit unserem verbindlichen Dank und mit der Versicherung, dass es uns sehr angenehm sein würde, ein wechselseitiges angenehmes Verlagsverhältniss mit Ihnen zu gewinnen. Da wir jedoch mit dem merkantilen Erfolg Ihrer Compositionen noch ganz unbekannt sind, und Ihnen desshalb mit dem Erbieten einer bestimmten pecuniären Vergütung (welche der Verleger nur nach seinem Erfolg bestimmen oder genehmigen kann) nicht entgegenkommen können, so müssen wir Ihnen überlassen, ob Sie, um durch einen Versuch vielleicht eine dauernde Verbindung einzuleiten, uns diesen erleichtern und für das erste Werk, oder die ersten, welche Sie uns zu-

senden werden, bloss eine Anzahl Exemplare als Vergütung annehmen
wollen. Wir zweifeln nicht an Ihrer Beistimmung hierzu, da es Ihnen,
wie uns, weniger auf die Herausgabe Eines Werkes, als um die Einleitung
zu einem fortgesetzten Verhältniss zu thun sein wird. In diesem Falle
schlagen wir vor, uns zuerst ein oder zwei Stücke für das Pianoforte
allein oder zu vier Händen mitzutheilen. Wenn unsere Hoffnung auf
einen guten Erfolg irgend erfüllt wird, so dass wir Ihnen für die folgenden
Werke anständige baare Vergütung offeriren können, so wird es uns zum
Vergnügen gereichen, Ihnen dadurch das Verhältniss mit uns annehmlich
zu machen.

Mit vollkommenster Hochachtung Euer Wohlgeboren ergebenste

Breitkopf u. Härtel."

Der zurückhaltende Ton dieses Schreibens lässt sich daraus erklären,
dass der günstigen Besprechung von Schubert's Amoll-Sonate op. 42 in
der Allgemeinen Musikalischen Zeitung vom 1. März 1826 am 19. Juli
desselben Jahres eine höchst absprechende Kritik des Liedes Sehnsucht
op. 39 gefolgt war. Die Zeitung erschien im Verlage von Breitkopf
und Härtel, und das letzte Urtheil haftete noch frisch im Gedächtniss,
als Schubert's Brief eintraf. —

Neun Jahre vorher hatten Freunde Schubert's (wohl Spaun und
Jos. Kupelwieser) den Erlkönig der Firma Breitkopf und Härtel zum
Verlage angeboten. Diese glaubte irrthümlicherweise, es handle sich um
eine Composition ihres alten Geschäftsfreundes, des Königlichen Kirchen-
Compositeurs Franz Schubert in Dresden. Auf eine Anfrage antwortete
aber der alte würdige Herr in Dresden sehr energisch: „ich habe die
Cantate Erlkönig niemahls componirt, werde aber zu erfahren suchen, wer
dergleichen Machwerk übersendet hat, um auch den Padron zu
entdecken, der meinen Namen so gemissbraucht."

7. Brief an B. Schott's Söhne in Mainz.

Wien, den 21. Februar 1828.

Euer Wohlgeboren!

Ich fühlte mich durch Ihr Schreiben vom 8. Februar sehr
geehrt, und trete mit Vergnügen mit einer so soliden Kunsthandlung, welche ganz geeignet ist, meine Werke im Auslande
mehr zu verbreiten, in nähere Verbindung.

Vorräthige Compositionen besitze ich folgende:

a) Trio für Pianoforte, Violine und Violoncelle, welches mit vielem Beyfalle hier producirt wurde.

b) Zwei Streich-Quartetten (G dur u. D moll).

c) Vier Impromptu's fürs Pianoforte allein, welche jedes einzeln oder alle vier zusammen erscheinen können.

d) Fantaisie fürs Pianoforte zu 4 Hände, der Comtesse Caroline Esterhazy dedicirt.

e) Fantaisie für Pianoforte u. Violine.

f) Gesänge für eine Stimme mit Begleit. des Piano, Gedichte von Schiller, Göthe, Klopstock, etc. etc. und Seidl, Schober, Leitner, Schulze etc. etc.

g) Vierstimmige Chöre für Männerstimmen wie auch für Weiberstimmen mit Begleitung des Piano, zwey davon mit einer Solo-Stimme, Gedichte von Grillparzer und Seidl.

h) Ein 5 stimmiger Gesang für Männerst. Gedicht von Schober.

i) Schlachtgesang von Klopstock, Doppel-Chor für 8 Männerstimmen.

k) Komisches Terzett, Der Hochzeitsbraten von Schober, für Sopran, Tenor u. Bass, welches mit Beyfall aufgeführt wurde.

Diess das Verzeichniss meiner fertigen Compositionen ausser 3 Opern, einer Messe und einer Symfonie. Diese letztere Comp. zeige ich nur darum an, damit Sie mit meinem Streben nach dem Höchsten in der Kunst bekannt sind.

Wenn Sie nun von obigem Verzeichniss etwas für Ihren Verlag wünschen, so überlasse ich Ihnen solches gegen billiges Honorar mit Vergnügen.

Mit aller Achtung

Franz Schubert.

Meine Addresse:

Unter den Tuchlauben beym blauen Igel 2. Stock.

Anmerkung.

Voran war folgendes Schreiben der Firma gegangen:

„Euer Wohlgeboren

sind uns bereits durch Ihre vortrefflich gearbeitete Compositionen
seit mehreren Jahren bekannt, und wir hegten auch schon früher den
Wunsch, von Ihren Arbeiten für unsern Verlag zu acquiriren, wenn wir
nicht mit den Werken (op. 121—128 und 131) des seligen Beethoven,
worunter manche sehr starke opus, zu lange Beschäftigung für unsere
Arbeiten gehabt hätten.

Wir sind nun so frei, Sie um einige Werke für unsern Verlag zu
ersuchen. Clavierwerke oder Gesänge für eine oder mehrere Stimmen
mit oder ohne Pianobegleitung werden uns stets willkommen sein. Das
Honorar belieben Sie zu bestimmen, was wir Ihnen in Wien bei
Hrn. Franck u. Comp. werden auszahlen lassen.

Bemerken müssen wir Ihnen, dass wir auch ein Etablissement in
Paris besitzen, wo wir auch jedesmal Ihre Compositionen bekannt machen.

Wenn Sie mehreres vorräthig haben und wollten uns davon ein
Verzeichniss senden, so wird uns dieses auch sehr angenehm sein.

Mit Hochachtung zeichnen

Mainz, 8. Februar 1828.　　　　　　　　　B. Schott's Söhne."

Es ist begreiflich, dass Schubert auf dieses Anerbieten mit Freuden
einging. Musste es ihn doch locken, mit einer Verlagshandlung
näher bekannt zu werden, die vor ganz kurzer Zeit Beethoven's Neunte
Symphonie und Missa solemnis, dazu die Quartette in Es-dur und Cis-
moll edirt hatte. Da Schubert's Werke bisher weder von Wiener noch von
ausländischen Verlegern sonderlich begehrt waren, so war er in der Lage,
dem rheinischen Hause ein wahres Füllhorn ungedruckter Compositionen
anzubieten, so das Es-dur-Trio op. 101, ferner neben den Streichquartetten
die später als op. 142 erschienenen Impromptus und die F-moll-Phantasie.
Durch Schubert's Bemerkung zu der Phantasie wird Kreissle's Irrthum
berichtigt, dass die Widmung an die Gräfin Caroline von dem späteren
Verleger des Werks, Anton Diabelli, ausgegangen sei. — Die unter e)
angeführte Phantasie für Pianoforte und Violine (op. 152) war vierzehn
Tage vorher in einem Wiener Concert mit Beifall gespielt worden. Unter
den ungedruckten Männer- und Frauen-Quartetten g) befanden sich
musikalische Schätze wie der Psalm: Gott ist mein Hirt, der Nachtgesang
im Walde, Grillparzer's Ständchen: Zögernd leise (mit Altsolo), Seidl's
Nachthelle (mit Tenorsolo). Das Quintett: Mondenschein h) ist später als
op. 102, der Schlachtgesang i) als „Schlachtlied" op. 151, das Terzett:
Hochzeitsbraten als op. 104 erschienen. — Von Liedern, die Schubert
unter f) anbietet, waren noch über vierhundert im Manuscript.

Ganz bescheiden erwähnt der Künstler zum Schlusse noch, er habe auch drei Opern, eine Messe, eine Symphonie componirt. Möglicherweise fürchtete er, den Verleger abzuschrecken, wenn er der Wahrheit gemäss von den fünfzehn Opern fünf Messen und sieben Symphonien geschrieben hätte, die in seinem Pulte lagen.

Die Antwort des Verlegers lautete:

„Euer Wohlgeboren!

haben zu unserer grössten Freude unsere am 8. Februar an Sie gerichteten Zeilen sogleich beantwortet. Wir ersehen daraus, was sie an Manuscripten gegenwärtig noch in Vorrath haben und würden uns auch sogleich für sämmtliche Werke von Ihnen verständigen, wenn wir nicht früher eingegangene Verbindlichkeiten ebenfalls erfüllen müssten. Ihre Werke sind für einen Verleger alle so anziehend, dass die Wahl schwer ist.

Senden Sie uns gefälligst folgende von Ihnen verzeichnete Werke: 1. Trio für Pianoforte, Violin und Violoncell, 2. vier Impromptu's für Pianoforte, 3. Fantasie für Pianoforte à 4 mains, 4. Fantasie für Piano und Violin, 5. vierstimmige Chöre für Männerstimmen, 6. fünfstimmiger Gesang für Männerstimmen, 7. Schlachtgesang für Doppelchor, 8. Hochzeitsbraten, komisches Terzett.

Wir werden diese Werke nach und nach und sobald als möglich herausgeben und dann wieder nach neueren Werken bei Ihnen anfragen.

Sie werden uns das möglichst billige Honorar bestimmen, und erlauben, dass wir das Honorar jedes Werkes sogleich nach der Herausgabe Ihnen in Wien anweisen dürfen. Bestimmen Sie auch gefälligst, wie viel Exemplare sie zum Vertheilen an Ihre Freunde zu haben wünschen.

Wollen Sie das Paquet zum Beischluss an Herrn Andreas Landschütz, Clavier-Instrumentenmacher, Mariahilf Nr. 16 bei der rothen Breze, abgeben; da derselbe in kurzer Zeit zwei Flügel an uns absendet, so wird das Porto erspart. Doch handeln Sie darin nach eigenem Gefallen wegen der Sendung.

Auch dürfen Sie jedes Paquet an Herrn Ferdinand Cammeretto, Instrumentenmacher, Laimgrube Nr. 68 beim weissen Ochsen, zum Beischluss abgeben, welcher auch gewöhnlich jeden Monat eine Sendung von Piano's an uns macht und ein sehr accurater Mann ist.

Indem wir Ihrer Sendung entgegensehen, zeichnen wir mit ausgezeichneter Hochachtung

Mainz, 29. Februar 1828.   B. Schott's Söhne."

Schlimme Erfahrungen mit Verlegern — namentlich mit Diabelli's ehemaligem Theilhaber Cappi — hatten Schubert misstrauisch gemacht, und er war entschlossen, kein Manuscript mehr ohne ganz bestimmte Fixirung des Honorars aus Händen zu geben. In der Zuschrift von

Schott fehlten aber alle ziffermässigen Angaben. Dazu kam, dass inzwischen (am 21. März) Schubert's Concert in Wien Statt gefunden hatte — das einzige, das ihm zu geben vergönnt war. Er hatte damit nicht nur Ehre eingelegt, sondern auch der materielle Erfolg war über Erwarten günstig. So antwortet er dem Verlagshause recht reservirt, spricht von drei Werken statt der verlangten acht und legt auf die Bewilligung seiner Honorarforderung Werth:

8. Brief an Schott's Söhne.

Wien, den 10. Aprill 1828.

Euer Wohlgeboren!

Das Arrangement und die Abhaltung meines Concert's, in welchem sämmtliche Musikstücke von meiner Composition waren, hielten mich so lange ab, Ihren Brief zu beantworten. Ich habe indess Abschriften von dem verlangten Trio (welches in meinem Concert bey gedrängt vollem Saale mit ausserordentlichem Beyfall aufgenommen wurde, so dass ich zur Wiederhohlung des Concert's aufgefordert werde) von den Impromptu's und dem 5 stimmigen Männergesang machen lassen, und wenn Ihnen obiges Trio zu 100 fl. Conv. Münze, die 2 übrigen Werke zusammen zu 60 fl. Münze genehm sind, so kann ich selbe gleich abschicken. Nur würde ich um möglichst balde Herausgabe bitten.

Mit aller Hochachtung

Franz Schubert.

Anmerkung.

Hierauf empfing Schubert folgendes Schreiben:

„Euer Wohlgeboren verehrte Zuschrift vom 10. April macht uns mit dem Honorar Ihrer Manuscripte bekannt. Wir ersehen daraus, dass Sie dieselben sehr bald im Stich zu haben wünschten, und in diesem Falle erbitten wir uns vor der Hand nur die Impromptus und den fünfstimmigen Männergesang; für das Honorar werden wir Ihnen mit 60 fl. Münz erkennen. Das Trio ist wahrscheinlich gross, und da wir mehrere Trio seit Kurzem verlegt haben, so müssen wir ohne Nachtheil für unsern

Verlag diese Gattung von Composition etwas später hinaus wieder verlegen und dieses könnte Ihnen doch nicht von Ihrem Interesse sein.
Sobald wir die von Ihnen beschriebenen Werke im Druck beendigt haben
werden, so werden wir auch so frei sein, wieder etwas anderes von Ihnen
zu begehren. Wir grüssen Sie mit Achtung

Mainz, 28. April 1828. B. Schott's Söhne."

Die Ablehnung des Esdur-Trios mag Schubert nicht überrascht
haben. Er fürchtete von vorneherein, dass das — uns jetzt so unendlich
bescheiden erscheinende — Honorar von 100 fl. der Firma Schott wohl
zu hoch vorkommen könne, und da ihm am baldigen Erscheinen des
Werks, der Glanznummer seines Concerts, lag, bot er es an demselben
Tage (10. April) auch dem Leipziger Verleger H. A. Probst an. Dieser
antwortet schon am 15. April zusagend und bewilligt als Honorar den
fünften Theil der Summe, die Schubert von Schott gefordert hatte;
die Sendung baarer 20 fl. 60 kr. begleitet Probst aber noch mit dem
Wunsche, der Künstler möge ihm „ehestens etwas für Gesang oder Clavier-
musik zu vier Händen schicken, da ein Trio meist nur ein Ehren-
Artikel und selten etwas dabei zu verdienen ist"!

Den Schluss der Correspondenz mit dem Mainzer Verlagshause bilden folgende Briefe:

9. Brief an Schott's Söhne.

Wien, den 23. May 1828.

Euer Wohlgeb.

Hiermit überschicke ich Ihnen die 2 gewünschten
Compositionen, jede zu dem Preis von 60 fl. Münze. Ich
ersuche Sie um bald möglichste Herausgabe derselben, und
wünsche, dass Sie gute Geschäfte damit machen, wie ich wohl
hoffen darf, indem hier beyde Comp. sehr beyfällig aufgenommen worden sind. In Erwartung des zugesicherten Honorars
verharre ich

Mit Achtung

Franz Schubert.

NB. Auch bitte ich um 6 Exempl. von jedem Werk.

Äussere Adresse:

An die Kunsthandlung Schott's Söhne in Mainz.

8

10. Brief an Schott's Söhne.

Wien, den 2. Oct. 1828.

Euer Wohlgeboren!

Da es schon so lange ist, dass ich von Ihnen kein Schreiben erhielt, und ich sehr zu wissen wünschte, ob Sie die von mir überschickten Compositionen, nähmlich 4 Impromptu's und den 5stimmigen Männergesang, welche ich Ihnen durch Haslinger sendete, richtig erhalten haben, so ersuche ich Sie um eine gefällige Antwort hierüber. Auch wünschte ich besonders, dass selbe Comp. sobald als möglich erschienen. Das Opus der Impromptu's ist 101; und des Quintetts: 102.

In Erwartung einer baldigen und erfreulichen Antwort

Mit aller Achtung

Franz Schubert.

Meine Addresse:

Neue Wieden, zur Stadt Augsburg No. 694 im 2. Stock, rechts.

Anmerkung.

Die Antwort lautet leider wenig erfreulich:

„Die sehr werthen Zuschriften vom 28. Mai und 2. Oktober haben wir richtig erhalten. Die Antwort auf das erste Schreiben verzögerte sich so sehr, weil wir auch von hier die Impromptu's mit Gelegenheit nach Paris sandten, wie solche auch hierher kamen.

Wir erhalten solche von dort zurück, mit dem Bedeuten, dass diese Werke als Kleinigkeiten zu schwer sind und in Frankreich keinen Eingang finden würden und bitten Sie desshalb recht sehr um Entschuldigung.

Das Quintett werden wir bald verlegen, doch müssen wir bemerken, dass dieses kleine opus um das angesetzte Honorar zu theuer ist; im ganzen gibt es auf der Clavierstimme nur 6 gedruckte Seiten, und wir vermuthen, es beruht auf einem Irrthum, dass wir dafür 60 fl. C. M. bezahlen sollten.

Wir offeriren Ihnen fl. 30 dafür, und werden auf Ihre Antwort den Betrag sogleich entrichten, oder Sie dürfen auch auf uns entnehmen.

Das Clavierwerk op. 101 wäre uns gewiss nicht zu theuer, allein die Unbrauchbarkeit für Frankreich war uns recht verdrüsslich. Wenn Sie gelegentlich etwas minder schweres und doch brillantes auch in einer leichteren Tonart componiren, dieses belieben Sie uns ohne weiteres zuzusenden. Wir zeichnen mit Achtung und Freundschaft

Mainz, 30. October 1828.   B. Schott's Söhne.

P. S. Um allen Aufenthalt zu vermeiden, legen wir eine Anweisung von fl. 30 auf Heibuann's Erbe, nebst avis-Brief bei. Gehen Sie unseren Vorschlag nicht ein, so senden Sie uns die Anweisung zurück. Die 4 Impromptus schliessen wir der ersten Sendung an Herrn Haslinger bei.

Die Obigen."

Die zurückgewiesene Claviercomposition enthielt u. a. die beiden berühmten Impromptus in As und B. Erst zehn Jahre nach Schubert's Tode ist das Werk gedruckt worden, wodurch sich die höhere Opuszahl (142) erklärt.

Die Geldanweisung von Schott ist nicht eingelöst worden. An dem Tage, als sie ankam, wurde Schubert auf das Krankenlager geworfen, von dem er sich nicht wieder erheben sollte.

INHALT.